Dynamisches Yoga

Das Buch

Auf Ihrem »Weg des Selbst«, wie man das Yoga auch bezeichnet, kann dieses Buch Ihr ständiger Helfer und Begleiter sein. Volker Christmann vermittelt zahlreiche Übungen aus der alten indischen Tradition – zum Teil sind sie ganz einfach auszuführen, für andere braucht es etwas mehr Geduld.

Dem Autor gelingt es ganz spielerisch, seine langjährigen Erfahrungen mit dem Yoga authentisch wiederzugeben. Dazu tragen auch seine persönlichen Reiseberichte bei, die von den atemberaubenden Gegensätzen Indiens erzählen.

Der Autor

Volker Christmann ist Wirtschaftswissenschaftler und Germanist. Seit mehr als 20 Jahren beschäftigt er sich intensiv mit östlicher Philosophie und den geheimen Lehren des Yoga. Zahlreiche Reisen in die Türkei und nach Indien führen ihn immer wieder zu seinen Lehrern und Meistern.

Volker Christmann

Dynamisches Yoga

Mit über 50 praktischen Übungen

Econ Taschenbuch Verlag

Econ Taschenbuch Verlag 2000
Der Econ Taschenbuch Verlag ist ein Unternehmen
der Econ Ullstein List Verlag GmbH & Co. KG, München

2. Auflage, komplett durchgesehene Neuausgabe

Umschlagkonzept: Büro Meyer & Schmidt, München –
Jorge Schmidt
Titelkonzept und Umschlaggestaltung: Petra Soeltzer, Düsseldorf
Titelabbildung: The Stock Market
Die Ratschläge in diesem Buch sind von Autor und Verlag sorgfältig erwogen und geprüft; dennoch kann eine Garantie nicht übernommen werden. Eine Haftung des Autors bzw. des Verlages und seiner Beauftragten für Personen-, Sach- und Vermögensschäden ist ausgeschlossen.
Druck und Bindung: Ebner Ulm
Printed in Germany
ISBN 3-612-20667-2

Sterne mögen fallen,
Ozeane verbrennen.
Die Himalayas mögen verweht werden
und die Sonne zu einem Eisblock erstarren.
Wer sich selbst verwirklicht hat,
den wird all dies nicht verwundern,
denn alles geschieht
durch ihn.

Quelle: Impossibilities Challenged, Anonymus

ओं पूर्णमदः पूर्णमिदं पूर्णात् पूर्णमुदच्यते ।
पूर्णस्य पूर्णमादाय पूर्णमेवावशिष्यते ॥
ओं शान्तिः । शान्तिः । शान्तिः ।

Oṁ pūrṇamadaḥ pūrṇamidaṁ
pūrṇāt pūrṇam udacyate
pūrṇasya pūrṇam ādāya
pūrṇam ev'āvaśiṣyate

Om śāntiḥ śāntiḥ śāntiḥ ॥

INHALT

Vorbemerkung

Im Interesse einer besseren Lesbarkeit und Verständlichkeit wurden die Gespräche ohne die oft schwierige Verständnissituation dargestellt. Auch wurden mehrere Aufenthalte in Indien zu einer Reise zusammengezogen. Hieraus ergibt sich, daß mehrere Lehrer zu einer Person verschmolzen. Die Namen der Personen wurden teilweise auf Wunsch abgeändert.

1 Indien – once more

»You have to become independent, totally independent!« Die Worte des Fortune-tellers vom Chandni Chowk. Und nun bin ich hier – totally independent.
Ich sitze in diesem schmuddligen Hotelzimmer, ein Glas Whisky auf dem Nachttisch, und warte, bis der erste Schimmer des frühen indischen Morgens durch die stockfleckigen Vorhänge scheinen wird.
Der Abschied: Tränen und Wehmut und Liebe.
Doch Indien zieht mich an wie ein Magnet die Eisenspäne. Seine Religion, sein Pulsschlag des Lebens: archaisch und existentiell. Grausam manchmal und manchmal doch – voller Größe; in seiner Armut, seiner Fähigkeit zu leiden und zu erdulden, in Liebe und mörderischem Haß. East is East ...
Und doch werden wir uns treffen. Irgendwo, an den Ufern der Ganga, in den weiten Ebenen des Südens, in den Bergwäldern der Himalayas. Irgendwo.
Ich schaffe es nie, die erste Nacht wie geplant bei meinen Freunden zu verbringen. Irgend etwas kommt immer dazwischen: Entweder sind die Straßen nach Neeti Bagh gesperrt, oder der Taxifahrer kann den Weg nicht finden, oder es gibt Unruhen. Immer wieder lande ich in einer der billigen Absteigen in der Nähe des Flugplatzes, wo die Klimaanlage nie funktioniert und der Ventilator

an der Decke verrostet vor sich hin krächzt, während mich die Geckos mit rotfunkelnden Augen anstarren. Und immer bin ich viel zu müde vom Flug, von den endlosen Verspätungen, dem sinnlosen Bürokratismus am Airport, viel zu glücklich, wieder in Indien zu sein, um mich zu streiten. Und so zahle ich viel zu viel für ein paar dreckige Laken und schwitze dem Morgen entgegen.

Ein Pferd wiehert. Raben streiten sich auf der Müllhalde vor dem Hotel. Streifenhörnchen auf einer zerborstenen Wasserleitung. Eine schwerfällige Kuh: knochig und abgemagert, spitze Rippen unter abgescheuertem Fell. Grauender Morgen mit Monsunwolken und den heiseren Rufen der Obstverkäufer. Dörfliches Indien inmitten der Metropole. Nur die Errungenschaften des Westens stören die Idylle: Verrottete Autos, Stromdrähte in chaotischem Wirrwarr, rostende Lampen und Plastikmüll an allen Ecken und Enden.

»Sobald Du einen schwarzen von einem weißen Faden unterscheiden kannst ...« Ein Taxi bringt mich durch die erwachende Stadt. Grüne Alleen, Wasserspiele, Regierungsviertel und das Tor zu Indien: India Gate. Dann wieder stadtauswärts. Zeltstädte am Straßenrand. Bewohnte Abwasserrohre. Auf Lumpen Gebettete und viele einfach auf blankem Asphalt. Kotige Kühe. Abraumhalden, von Kindern durchwühlt. East is East ...
Und dann, vor blutrotem Himmel: Neeti Bagh! Kolonialer Charme mit Palmen und Feigenbäumen, Bougainvilleas und Eukalyptus. Palisander. Streunende Hunde, hyänengleich, und der durchdringende Schrei eines Pfaus.

Was will ich hier? Warum immer wieder Indien?
Ist das nicht nur eine Flucht, eine bequeme Ausrede, mein alltägliches Leben nicht ändern zu müssen?
Kann ein Guru tatsächlich etwas in Gang setzen, katalysatorgleich?
Ja, gibt es dies überhaupt, Nirvana, Moksha, das Ziel mit den hunderttausend Namen?
Oder ist dies die letzte Illusion, wenn Du alles Materielle erreicht hast, das letzte Immer-Mehr?
You have to become independent ...

Seit meiner letzten Reise nach Indien sind zwei Jahre vergangen, und nun bin ich wieder hier: zu müde, um zu schlafen, zu erregt von dem Indien, das hinter jeder Häuserecke auf mich wartet. Wie ein Packesel komme ich hier an, wie ein Warenhaus, vollbepackt mit all dem unnützen Tand, den der Westen für den Osten bereithält: Babytaschen und Lätzchen, Strumpfhosen, ein Tafelservice (zwölfteilig), Kameras und Recorder. Alle Bekannten hatten einen Wunsch, als sie hörten, daß ich wieder nach Indien käme. Und so reise ich mit einem riesigen Schalenkoffer und zwanzig Kilo Handgepäck nach Indien. Für mich selbst: Unterwäsche. Drei T-Shirts. Medikamente. Waschzeug. Ein indischer Leinenanzug.
Sureshs haben zwei neue Familienmitglieder: einen jungen Hund – und die von Mataji sehnlichst erwartete

Schwiegertochter! Ein heißer Çai. Etwas Gebäck. Bescherung: geöffnete Koffer und strahlende Gesichter. Umarmungen und Erzählen. Hindi und Englisch. Und immer wieder: Umarmungen, wenn die Worte fehlen.
Das Haus vibriert. Kochdüfte und Klatsch. Telefonate und ein ewiges Hin und Her zwischen den Zimmern. Ein früher Lunch, scharfgewürzt. Reis und Gemüse, Joghurt und Dhal und Kuchen, in Silber gebacken. Und dann *mußte* ich in DIE STADT.

Eine Riksha zum Connaught Place. Die ganz alltägliche, jämmerliche, demütigende Armut unterwegs: verkrüppelte Kinder, Plastikplanen, über Gehsteige gespannt, ausgemergelte Kühe mit eitrigen Augen und über allem: Dunst und Smog und die schwere Luft des beginnenden Monsuns. Bunte Papierdrachen über den neuerbauten und schon wieder zerfallenden stockfleckigen Häuserblöcken, bröckelnder Putz und leere Fensterhöhlen. Großflächige Plakatwände mit den letzten Errungenschaften: Aircondition, Gaumenkitzler und darunter – der faulige Geruch des Todes.
Eintauchen in das Gewühl des Tibetan Market. Schlepper und Schlangenbeschwörer. »Change money?« Fortune-tellers und Zigeunerinnen mit bunter Seidenmalerei. Hupende Taxis, Saris und Götterstatuen und glitzernder Schmuck: Das Tor zu Indien.
Schuhputzer und Lemon water. Betelverkäufer vor Newsweek und Dhoop. Bettelnde Kinder, Krüppel, die Glaspaläste von Banken und Air India, die weißen Säulen der Hotels und Governement Emporiums, das Grün des Parks und die Kuppeln des Underground Market. Vorbei am Whimpys mit seinen Hamburgern und Pommes frites und Cola, an den Antiquitätenläden, den

Liquorshops. Singer Nähmaschinen und American Express, Reisebüros und Picture Palace: Das Tor zu Indien. Und dann der erste Besuch im Nirula's: Kingfisherbeer und Chips und das erfreute Salaam des Barkeepers, der mich erstaunt wiedererkennt: weißes Hemd und rote Weste, gepflegter Haarkranz und eine spiegelnde Glatze.

Sprudelndes Hindi und Salaam und Namaste' und distanziertes Verbeugen der beturbanten Sikhs. Und die Neuigkeiten des Tages: Reservation Act und Kashmir und die Invasion der Tamilen aus Sri Lanka, V. P. Singh und Congress Party und all der häusliche Klatsch. Und ich versinke in dieser Woge des Wohlwollens, die Mauern der Trennung bröckeln mit jedem Schluck, und ich bin – wieder daheim.

Am Abend: Stehparty in Suresh Sadan. Ein Haufen junger Anwälte, westlich gekleidet, die Frauen in Seide, bunte Saris. Alles steht um den großen Tisch, ißt Toast und Vegetables, Ice Cream, die Frauen dezent im Hintergrund, ihre eigenen Probleme erörternd. Zum Abschluß Betel, etwas stark gewürzten Çai, Crackers.

Dann kann ich endlich ins Bett, lese noch etwas unter dem träge surrenden Ventilator, verkrieche mich unter der Decke vor dem frostigen Hauch der Klimaanlage, viel zu müde, um das Licht zu löschen.

Am nächsten Morgen fahre ich nach dem Frühstück in die Stadt. Der Taxifahrer, ein alter Sikh mit Turban und langem Bart, weiß alles über die Stadt – vor allem Zahlen! Er hat Geschichte studiert, doch nun fährt er Taxi. Aber noch immer liebt er Zahlen. Von jedem Gebäude weiß er die Jahreszahl. Überhaupt ist für ihn die Quintessenz aller Probleme eine Zahl. Wieviel Prozent der Sikhs – trotz Verbot – rauchen und trinken, wie viele

für Pakistan, wie viele für Indien sind, wie viele Tote. Sobald er etwas in einer Zahl ausdrücken kann, verliert das Problem seine Schrecken, wird faßbar, ist beinahe beseitigt.
Wir fahren durch die Governement Area, vorbei am Haus Rajiv Gandhis, vorbei an Parks und kleinen künstlichen Kanälen, vorbei an badenden Kindern und Familien, die im Sonntagsstaat in kleinen Ruderbooten treiben. Entlang der alten Stadtmauer und durch das Delhi Gate in den Strudel der Altstadt: tiefverschleierte Frauen in ihren Burkhas, Männer mit hennagefärbtem Haar und Bart, Ziegenherden und Hammelschlachter, Moscheen – die Erben der Moghul in Lumpen und Dreck. Autoersatzteile, halbzerlegte Wracks, Schrott. Und aus dem Staub emporwachsend, alles überragend, die Große Moschee, Jama Masjid (1650), mit ihren gewaltigen Kuppeln, ihren Minaretten, der riesigen Umfassungsmauer, die größte Moschee Indiens, und doch: kein kitschiges Gepränge, nichts Überladenes, sehr einfach und klar und erhaben. Und in ihrem Schatten: Miethandwerker, die ihr Handwerkszeug in einem Sack vor sich liegen haben: Maurer und Schreiner, Zimmerleute. Rund um den Platz kleine Läden, Bronzestatuen, Bücher, Limca und Thumps Up. Und von überall her münden Straßen in den Platz, führen zur Chandni Chowk mit ihren Tausenden von Läden, zum Red Fort, zum Silberbazar, zur nahen Yamuna. Ein Gewirr von Gassen und Gäßchen, ständiges Hupen und Klingeln der Rikshas, Menschenmassen und Abgase und Smog – das Herz der Stadt.

Ein paar Einkäufe und ein paar Limcas später fahren wir zurück, zurück durch die stehende Glut des Mittags, unter der Dunstglocke veralteter westlicher Technologien.

Vorbei am Red Fort (1638), den Bungalows der Engländer (1919), die doch noch viel ansprechender aussehen als die Neubauruinen auf der anderen Straßenseite. India Gate und Parlamentsgebäude. Parliament Street und das Observatorium Jantar Mantar (1724).
Dann bringt er mich stolz zu einem Sikhtempel: Guru Harkrishan Sahib. Kleine Verkaufsbuden neben dem Parkplatz: Sikhdolche und Holzkämme, Bartbinden, Turbane und Tücher für den Haarknoten der Kinder, Bücher über die Heiligen der Sikhs, Bilder. Guru Nanak und Guru Tegh Singh, der Märtyrer. Punjabiküche und Thumps Up.
Der eigentliche Tempel ist ein Palast aus Marmor mit einem breiten Treppenaufgang. Dichtgedrängte Gläubige, die die teppichbelegten Steinstufen immer wieder mit Händen und Stirn berühren. Ein buntes Zeltdach über dem Innenhof, um die sengenden Sonnenstrahlen etwas zu dämpfen, ein heiliger See, auch er marmorumfaßt. Wir nehmen unser rituelles Bad, bedecken das Haupt und setzen uns eine Weile in die Kühle des Innenraumes. Ein Sikh mit Turban, wallendem Bart und mächtigem Schwert predigt auf einem kleinen Podest. Gläubige gehen vorbei, werfen Münzen und Scheine auf den Teppich vor seinen Füßen, Blumen. Die Wärter am Ausgang verteilen geweihten süßen Reiskuchen, Prasad, und heiliges lebensspendendes Wasser, Amrith, die Nahrung der Götter, heilbringend, gesundheitsspendend – es ist Sonntag.
Am Spätnachmittag fahren wir zurück, den ruhigeren Außenvierteln zu. Wieder einmal gehe ich in die Ruinen um den Qutb Minar mit dem berühmten Eisenpfeiler, der auch nach mehr als zwei Jahrtausenden in glühender Sonne und wochenlangen Monsunregen keine Spur von Rost aufweist. Die Vishnu-Mönche, die ihn zur Zeit

Ashokas (?) anfertigten, sollen während seiner Herstellung ständig Mantren gesungen haben, um ihn so vor allen schädlichen Einflüssen zu bewahren. Wie auch immer! Er steht inmitten der viel jüngeren Ruinen (12. Jh) und zeigt keine Spuren von Alter. Wer ihn mit beiden Armen zu umfassen vermag, wird viel Glück in seinem Leben erfahren. Wir werden sehen!

Five o'clock tea bei Sureshs: Unter den Gästen sind zwei ehemalige Minister mit ihren Frauen.

»How do you spend your day? Qutb Minar? The Iron Pillow?«

Immer der gleiche Grundton: »Sie haben uns unsere Identität gestohlen! Zuerst die Moghul, und das letzte bißchen, das danach noch übrig war, die Engländer …

»Kennst du die Geschichte von Muhammad, dem ersten Eroberer Delhis? Er hatte eine Tochter, die er über alles liebte, aber er war auch ein frommer Muslim. Als sie nun eines Nachmittags in seine Gemächer kam, wollte er sie wütend in die Zimmer des Harems schicken. ›Wie kannst du es wagen, mit beinahe nichts bekleidet in mein Zimmer zu kommen? – Weißt du nicht mehr, was sich für eine Frau gehört?‹ Da fing sie an, sich aus den beinahe durchsichtigen Kleidern zu wickeln – und sie trug neun *Saris! So fein webten wir damals die Seide! Und heute?*
Tausend Jahre Fremdherrschaft haben uns das meiste unseres Wissens geraubt.«

Gespräche über Ayur Veda und Yoga, Botschafter und das neue indische Wohnungsbaugesetz. Tee und Toast und Crackers, während die Hitze im Garten ständig zunimmt. Der Himmel ist gelb, schwefelverhangen, und alles wartet auf den Regen.

Gegen zehn gehen wir zu einem Jaintempel auf einem kleinen Hügel außerhalb der Stadt. Ein paar Meter höher nur, und doch – ganz anders ist hier die Luft, viel frischer und klarer. Und die Lichter der Stadt dehnen sich endlos und verschwimmen irgendwo in der Dunkelheit. Wir setzen uns ins Gras, verschmelzen mit der Nacht, die hier beinahe kühl ist. Aus dem Tempel klingen die Glocken, Weihrauchdunst verliert sich in den Pipals, und die hohe, brüchige Stimme des Priesters bricht sich im Marmor: eine Puja. Und wie vor Tausenden von Jahren, zu Zeiten der Aryas, der Reinen, hat jeder seinen festgefügten Platz beim Opfer: die einen verrichten die vorgeschriebenen Zeremonien, und die anderen bezahlen sie – und wir zahlen.
Auch hier in Indien ist die Religion zum großen Teil auf den Hund gekommen, ein bloßes Ritual, das keiner mehr so recht versteht und an das keiner mehr so recht glaubt.

»Wenn die Gesellschaft in einen Zustand gerät, wo Reichtum Rang verleiht, Besitz die einzige Quelle der Tugend wird, Leidenschaft das einzige Band zwischen Mann und Weib, Betrug die Grundlage des Erfolges im Leben, geschlechtliche Liebe der einzige Weg zur Freude und äußere Verwirrungen mit innerlichem Glauben zusammengeworfen werden ...«[1]

Wir befinden uns eben im Kali Yuga, diesem finsteren Zeitalter des Niedergangs, das die Auflösung des Weltalls – und seine erneute Entstehung – einleitet.

Am nächsten Morgen fahre ich zur Chandni Chowk und tauche wieder in das Gewühl der Altstadt. Die ständigen

1 Vishnu Purana

Rufe der Schlepper, die scheppernden Rikshas, kindliche Huren mit ihrem »come, come«, Holzpritschen in düsteren Löchern. *Wenn die Gesellschaft …*
Die Luft ist noch frisch vom Morgenregen, und die Hitze wächst nur langsam. Träge laß ich mich im Strudel der Menge treiben, feilsche aus Langeweile, ohne wirklich kaufen zu wollen. Auch ein Fortune-teller heftet sich an meine Fersen und läßt nicht mehr los. Und wirklich erstaunlich: Er weissagt dasselbe wie ein Kollege vor Jahren, weiß viel Nachprüfbares aus meiner Vergangenheit. Seltsames Indien! – oder ein guter Trick.
Die Armut an allen Ecken und Enden trifft mich plötzlich wie ein Schlag: Bettler, Krüppel, Verhungernde. Kinder verkaufen sich hier für ein paar Rupies. Nicht aus Langeweile oder auf der Jagd nach dem schnellen Geld wie bei uns, sondern nur aus einem Grund: Sie wollen am Leben bleiben.
Kleine Schuhputzer, kaum älter als fünf. Aber ich brauche keine geputzten Schuhe! Und so verteile ich meine Rupien mit vollen Händen. Aber irgendwann einmal sind deine Taschen leer, und die Tränen laufen dir über das Gesicht, und du hast nichts mehr zu geben, und irgendwann macht irgend etwas in dir zu, und du willst nur noch eins: endlich in Ruhe gelassen werden! Keine fordernden Hände mehr, keine eitrigen, fliegenbedeckten Augen in kindlichem Gesicht. Keine beinlosen Krüppel mehr, die dir auf Händen über die Straße folgen. Nie mehr, nie mehr …
Und dann fährst du in deinen Villenvorort, zu abgekochtem Wasser und Dusche und Air-condition, bist dir deiner Schuld bewußt – und versuchst, sie zu vergessen.

2 Die Stadt der Heiligen

Sobald der Morgen vor den vergitterten Fenstern graut, stehe ich auf. Eine Dusche, Asanas, Pranayama, Meditation. Der Boy bringt heißen Çai, und ich gehe damit nach draußen, sauge wie ein Ertrinkender das erwachende Indien in mich ein – und sofort kommt Mrs. Sureshs Fahrer in den Garten. Namasté und Händeschütteln, Schulterklopfen, und er erzählt von daheim. Eine heimliche Zigarette im Schatten des Wagens: Sureshs Angestellte dürfen nicht rauchen!

Er würde – wie schon früher – gerne mit mir nach Rishikesh gehen, aber: er wird in Delhi gebraucht. Und so bringt er mich in die Stadt. Natürlich sollte ich noch ein paar Tage bleiben, aber alles treibt mich zu »meinem« Swami. Und so schaffe ich Tatsachen, besorge mir ein Busticket nach Rishikesh für denselben Abend. *»You got to be independent ...«*

Auch mein Hindi beginnt langsam wieder zu fließen, und ich denke schon in einem Gemisch aus Deutsch, Englisch und Hindi. Ich rede mit Bettlern und Kindern, den Taxi-Wallas – und einem Stier!

In einer kleinen Seitenstraße in der Nähe des Connaught Place führt ein rudrakshabehängter Swami einen Stier im Kreis. Auch der Stier mit Rudrakshas und Muscheln behängt, über und über bemalt: Ocker und

Purpur. Er führt ein paar Kunststücke vor, verbeugt sich, beantwortet scheinbar Fragen durch Scharren mit den Füßen oder durch Schütteln und Nicken mit seinem riesigen geschmückten Schädel. Auch meine Fragen beantwortet er, gleichgültig, ob ich sie in Hindi, Deutsch oder Englisch stelle. Nandi, das Reittier Shivas, des Mahayogin, des Herrn des Yoga.

Ein letztes Abendessen im Kreis der Familie, ein letzter Çai, eine letzte Umarmung. Und dann hat mich das Abenteuer wieder!

Die nachtschwarzen Straßen Delhis: eine Dunkelheit, die viel tiefer ist, als von zu Hause gewohnt. Schwarze Watte, gesättigt mit dem Duft von Räucherstäbchen, Kampfer und all den Gerüchen der Stadt. Dem langsam verglimmenden Dhoop der Betelverkäufer, der wie Glühwürmer in den Arkaden nistet, dem Duft aus unzähligen Garküchen, Kuhdung und Benzingestank, schweres Parfüm und Sandel und und und …

Ich warte auf den Bus, mit dem Inhaber des Büros einen Whisky trinkend. Wie lange die Fahrt dauern würde? Schwer zu sagen! *»Maybe seven hours, eight?«*

Für stark zweihundert Kilometer? *»Maybe less. It depends.«*

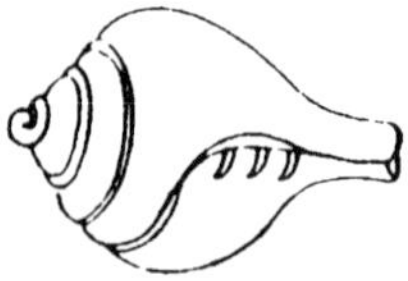

Endlich kommt der Bus. Halbblinde Scheinwerfer. Blinkende Götter in Rot und Blau neben dem Fahrer, indische Kassetten. Aber Gott sei Dank: kein Video.

Und dann beginnt unsere Fahrt durch das nächtliche Delhi. Scheinwerfer und Hupen. Rikshas, die plötzlich aus dem Dunkel auftauchen, um ebenso plötzlich in der Nacht zu verschwinden, als hätten sie nie existiert. Ein kurzes Aufleuchten hie und

da, blakende Öllampen im Eingang eines Zeltes am Rand der Straße, dunkles Wogen: die Menschenmassen.
Immer wieder hält der Bus, nimmt neue Fahrgäste auf an irgendeiner Straßenecke, irgendeiner Bude, irgendeinem schlechtbeleuchteten Restaurant. Riesig erscheint die Stadt, endlos sich ausdehnend, nie endend in dieser dunkelsten aller Nächte. Und dann endlich, nach drei Stunden Fahrt durch diesen pulsierenden Organismus voller Leben und Tod und neuerlichem Leben, Chandni Chowk – keine zehn Minuten vom Abfahrtsort entfernt!
Ein wimmelnder Ameisenhaufen, in dem irgendein übermütiges Kind mit seinem Stock wühlt. Alles scheint zu brodeln, bildet wirre Muster im schwachen Schein der wenigen Lampen: Garküchen und Wasserverkäufer, Rikshafahrer, zwischen Lenkstange und Sattel gekauert oder embryonenhaft auf dem Sitz zusammengerollt. Im Schlaf offene Münder, löchrige Decken und nackte Oberkörper, Husten und verschlafenes Spucken auf Asphalt und Kehrichthaufen und Kuhdung.
Der letzte Mitreisende steigt ein, Gepäck wird auf dem Dach festgezurrt, ein Kind jammert im Schlaf, ein letztes Gebet vor dem ewigblinkenden Krishna, und dann sind wir wirklich unterwegs, tauchen ein in dieses unvergleichliche Dunkel der indischen Nacht außerhalb der Städte.

Ich weiß zwar, daß wir mit sechzig, höchstens siebzig Kilometern pro Stunde fahren, doch hier nimmt einem dieses Tempo beinahe den Atem: Schlaglöcher, Bahnübergänge, entgegenkommende Autos – unser Fahrer ist durch nichts aufzuhalten, wie ein Irrwisch rast er über die holprige Piste, ständig hupend und fluchend, rauchend und trinkend, sich umdrehend, um mit ein paar Fahrgästen zu reden, ohne auch nur eine Sekunde vom Gas zu gehen. Weiter und immer weiter, als wolle er die in Delhi versäumte Zeit einholen. Dann plötzlich, gegen zwei, bremst er völlig unvermittelt, reißt den Bus von der Straße, kommt in einer Wolke aus Staub und Dreck vor einer einsam blinkenden Gaslaterne zum Stehen. Ein Bretterdach, ein paar Stühle, Betten aus geflochtenem Seil, ein Lehmofen wie ein Termitenhügel, offenes Feuer. Kein Mensch weiß, warum er hier hält. Ein paar steigen aus, kaufen sich etwas zu trinken, klettern schlaftrunken zurück in den Bus, kleine Augen und riesige Pupillen. Alles wartet und stöhnt in der bleiernen Hitze, doch der Fahrer legt sich auf zwei Stühle und - schläft!

Dann, nach reichlich zwei Stunden, zwängt er sich wieder hinter sein Lenkrad, spuckt ein letztes Mal ausgiebig aus dem Fenster und rast wieder wie von Furien gehetzt durch die Nacht.

Als der Morgen dämmert, sind wir schon in den ersten Ausläufern des Dschungels. Dickicht und verfilztes Unterholz, hin und wieder ein Bach, schwankende Dolenbrücken, die unter unseren Rädern poltern und schlagen. Ein paar verschlafene Affen im Scheinwerferlicht. Dann die Ausläufer von Hardwar. Der Ganges und die langgestreckten Ghats am anderen Ufer. Silhouetten von Tempeln. Und alles rast scheinbar an uns vorbei. Weiter, weiter, als käme es auf jede Sekunde an. Reisfelder und Zuckerrohr, eine grasüberwucherte Eisenbahnlinie, aus dem Nichts kommend, im Nichts verschwindend, von irgendwo nach nirgendwo. Ein Elefant trottet durch die überfluteten Felder zum nahen Fluß, Wasserbüffel glotzen uns schnaubend nach, vom ständigen Hupen geweckt. Betten stehen vor den Hütten am Rand der Straße, Männer im Dhoti, ein Stück Holz kauend, um die Zähne zu reinigen, kratzen sich hingebungsvoll die Genitalien. Und dann sind wir da, schweißnaß und wie gerädert. Das Ortsschild: Rishikesh – City of the Saints!

Er rast durch die kotigen Straßen, vorbei an Reparaturwerkstätten, Obstkarren, Stuhlflechtern und Çaibuden. Und dann, etwas außerhalb, auf halbem Weg nach Muni-Ki-Reti, verläßt er die Straße, fährt über Staub und Geröll an die Ufer der Ganga – um den Bus zu waschen!

»You don't drive to Mun-Ki-Reti, Luxman Jhoola?« Ein stummes Kopfschütteln. *»Muni-Ki-Reti djaunga?«*[1] Dieselbe Reaktion.

Und so hänge ich mir meine Tasche um, die Beutel mit den Geschenken und gehe die Ganga entlang. Vorbei an dem kleinen Weg, der zum Tourist Bungalow führt, in dem ich beim letzten Mal gewohnt habe, vorbei am Omkarananda Ashram und Yoga Niketan mit seinen uralten Pipals, deren armdicke Luftwurzeln über die Felsen hängen, vorbei am Haus von Bahadur und ein paar Teebuden. Und dann endlich der Rikshastand von Muni-Ki-Reti mit den kleinen Buden, in denen gerade die Feuer

1 Fahren Sie nach Muni-Ki-Reti?

entfacht werden, der erste Çai auf den Kerosinkochern dampft.

Ich setze mich in eine der Buden und trinke einen heißen Çai: Es ist noch zu früh, um zum Ashram zu gehen. Ein paar Çais und Frooties später schultere ich wieder meine Sachen. Es ist gegen acht, und die Sonne brennt schon höllisch über dem Ganges. Lastenträger stürzen sich auf mich, Rikshakulis und mitten unter ihnen: ein bekanntes Gesicht. Ein zwergenhafter Träger, kahlköpfiger runder Schädel, zerlumpter Dhoti, krumme Beine, barfuß. Auch er erkennt mich, jagt die anderen mit hoher Stimme davon: Ich bin sein Sahib!

Eigentlich brauche ich keinen Träger. Aber, was solls! Er kann die paar Rupies gebrauchen. Viel Geld für eine leichte Arbeit. Nicht diese erbärmliche Plackerei, wenn er mit einem riesigen Berg voller Kisten und Schachteln auf dem kahlen Schädel einer der Pilgergruppen aus Rajasthan folgt, ächzend und stöhnend und nie wissend, wieviele Rupies er am Ende nach endloser Feilscherei zugeworfen bekommt. Easy Goin'.

Der Fluß ist hoch vom Monsum. Aufgewühlt, lehmfarben strömt er in die Ebene. Eingezwängt zwischen die Ausläufer der Himalayas jagt er dahin, Strudel bildend, Katarakte, alles mitreißend, was sich ihm in den Weg stellt.

Auch die Ghats sind bis zur obersten Stufe überflutet, die vertäuten Boote zerren an ihren stählernen Halteseilen. Und aus dieser alles bedrängenden Eile emporwachsend: die sanfte Ruhe der Bergwälder im Dunst.

Die Bettler säumen das enge Gäßchen, das am Shivananda Ashram entlangführt. Rudrakshaverkäufer, Zigeunerinnen mit ihren Pythons und Kobras. Ein blinder Sadhu mit langem Haar schlägt die Tabla, ein Mädchen die Zimbeln. Ein paar Bettler summen mit, irgendeine

Hymne zu Ehren Krishnas, des Vielgeliebten, des göttlichen Kindes: »*Bhaja Govindam, Bhaja Govindam* ...«[1]
Ein paar zweirädrige Karren stehen unter einer weit über den Fluß hängenden Pipal. Affen turnen auf den Dächern, jagen sich über die Geländer dem Fluß zu. Ein paar Sadhus waschen sich unten am Fluß, tauchen unter, sich an Eisenketten festhaltend.
Und dann gehe ich auf der riesigen, schwankenden Hängebrücke über den Ganges. »You don't only cross the water, if you're on this bridge over Ganga!« sagte mir einmal vor Jahren ein Sadhu, als die Brücke gerade gebaut war. »*You are really goin' to.* The Other Side!«
Und wirklich: Jedesmal, wenn ich über diese schwankenden Asphaltplatten gehe, lasse ich mit dem Schmutz und den Autos und dem Lärm von Muni-Ki-Reti auch einen Teil meiner Westlichkeit am Ufer zurück.
Es gibt keine Autos auf dieser Seite des Flusses. Rechts der Brücke liegen die Ashrams, ein kleiner Bazar und Choti Walla, das Restaurant der Spitzenklasse – für Rishikeshbegriffe! Nach links verliert sich der schmale Weg in den Wäldern an den Ufern der Ganga. Kleine Kuthias säumen ihn zunächst, Häuschen für die angesehenen Swamis und Einsiedler, doch auch sie verlieren sich, weichen Höhlen und Bambushütten auf dem Weg nach Luxman Jhoola.
Die Straßen sind voller Kot, nach verfaulten Mangos stinkend, die die Kühe nun am Ende der Ernte überall finden. Das Rot und Orange der Swamis ist hier die alles beherrschende Farbe. Dazwischen die bunten Turbane, die grellen Saris der Pilger aus Rajasthan. Ich gehe durch das mit Zeltplanen überdachte Gäßchen des Bazars, vor-

1 Suche Govinda, verehre Govinda ...

An den Ufern der Ganga – einer meiner »Lehrer«

bei an den Ghats des Swarg Ashram, und dann bin ich da und fast schon daheim: Parmarth Niketan.

Immer noch stehen die Götter in ihren Käfigen im Park: die tausend Inkarnationen Vishnus mit ihren Gemahlinnen und Kindern und Tieren. Vishnu mit Lakshmi und Bhumidevi auf Garuda reitend, dem mythischen Adler, halb Mensch, halb Tier. Kama, der Gott der Liebe mit seinen Shaktis Rati und Priti. Rama und Sita, Vaikunthanatha, der Herr des Himmels, Kalki, die letzte Inkarnation Vishnus, der am Ende eines jeden Weltenzyklus dieses Universum mit seinem Tanz zerstört. Und natürlich immer wieder Krishna, die achte Inkarnation Vishnus, als Kind, als flötenspielender Hirte, in enger Umarmung mit Radha, seiner Geliebten. Doch auch für andere Götter bleibt Raum: für Shiva und Parvati, für Kali und Tara, Sarasvati, Ganesha und und und.

Hinter einer kniehohen Theke im Ashrambüro sitzen zwei Angestellte, der Ventilator schreit geradezu nach Casablanca, in einer Ecke des Raumes zählen Halbwüchsige einen Berg Paisas, die in Eimern aus den Käfigen der Götter geholt werden, Tribut an die Mächte des Himmels für ein besseres Leben in einer der drei Welten. Geckos hängen unbeweglich an der Decke und starren mit roten Albinoaugen ins Leere.

»No foreigners allowed!« Das ewiggleiche Spiel. Für Ausländer ist der Ashram verboten. Swami Chitananda, der Abt und mein Freund aus früheren Tagen, war gerade in Amerika, und so wollten sie mir kein Zimmer geben.

»But I stayed here sometimes before!« Ein kurzes Kopfschütteln. *»No English.«*

Ich versuche es mit meinen paar Brocken Hindi, zeige ihm eine Karte Chitanandas, die ich zum Glück bei mir habe. *»No foreigners allowed!«*

Aber nach weiterem Hin und Her bringt er mich schließlich zum Manager – und der erkennt mich wieder. Natürlich könne ich ein Zimmer haben! Warum denn nicht? Ich sei doch ein Freund des Mohant, des Abtes! Und so bringt mich ein junger Nepali – T-Shirt und Jeans, dunkle Sonnenbrille und Discohaarschnitt – zu meinem Zimmer. Durch vertraute Gänge zunächst, vorbei an der Essenshalle, eine kleine dunkle Treppe nach oben. Blaue Wände und rote Säulen wie in den meisten Ashrams. Und dann sperrt er *mein* Zimmer auf. Leider war es noch etwas einfacher als beim letzten Mal, und doch – ein herrschaftliches Zimmer für einen indischen Ashram: Betonfußboden, zwei Holzpritschen, weiter hinten eine Toilette, ein Waschbecken. Auch ein Ventilator hängt an der Decke, und – er funktioniert sogar manchmal, wenn man die Schalter oft genug hin und her bewegt. Fenster und Türen mit Fliegendraht abgedichtet, gitterbewehrt. Das einzige, was stört, ist das unaufhörliche Scharren der Kakerlaken auf dem Beton. Ganze Familien nisten hier, junge, kaum größer als Fliegen, und streichholzschachtelgroße, schon ganz weiß vom Alter. Sie versuchen, sich in irgendeiner Ritze zu verstecken, wenn sie einen Schritt hören, stellen sich tot, wenn ihnen das nicht gelingt. Und sobald du dich auf deine Pritsche setzt, kommen sie wieder hervor, ständig auf der Suche nach Ich-weiß-nicht-Was. Ich stelle meine Taschen auf die eine Pritsche, lege meinen Shawl auf das Holz der anderen. Eine kurze Wäsche, frische Kurta und Pant, dann nehme ich meine Geschenke und gehe den Weg zurück, zurück zur Brücke und dann weiter, die Ganga entlang, sauge all dies Langvertraute in mich auf, werde eins mit der Hitze, dem Rauschen des Flusses und dem Staub des Weges. An einem Stand kaufe ich ein paar besonders schöne Mangos, Dakshina, meine Gabe für Vedantanand, *meinen* Swami.

An den Ufern der Ganga – ein Swami mit der Mukula Mudra, der Handhaltung der Knospe

3 Der nackte Heilige

Mein *Swami*! Das Eisentor quietscht in den Angeln, und ein paar Schüler, die ich nicht kenne, rennen aus dem hinteren Teil des Hofes herbei. Sie bestaunen mich wie die meisten hier, die noch nie persönlichen Kontakt mit »Westlern« hatten. Natürlich haben sie schon genügend Europäer und Amerikaner gesehen – die Zeiten sind vorbei, wo man sich vor den »fremden Teufeln« fürchtete – aber sie haben nie wirklichen Kontakt mit Fremden gehabt, haben nie mit ihnen gesprochen, nie erlebt, daß sie hautnah in ihr Leben einbrachen. *»Swamiji kaha he?«*[1] Ein paar Worte nur, aber in ihrer Sprache! Und schon tauen sie auf, überbieten sich darin, mich zu Vedantanand zu führen.

Ich schlüpfe aus meinen Sandalen, gehe die zwei Stufen hoch, die den sandigen Vorraum von der Veranda trennen. Und dann sehe ich IHN: Swami Vedantanand Sarasvatiji[2]! Nackt wie gewohnt, arbeitet et im Garten, begutachtet die Hütte, die sich einer der Schüler gerade baut, harkt ein paar Beete: der einzige Yogi, den ich je habe »normal« arbeiten sehen.

ER sieht mich, und dann strahlt dieses altvertraute Lächeln auf, verschmitzt und voller Zuneigung, schel-

---

1 Wo ist Swamiji?

2 Die Namen wurden auf Wunsch teilweise geändert

misch beinahe; und er umarmt mich, und ich schmelze dahin, in dieser völlig irrationalen Hingabe an einen anderen. *»Es ist schön, dich wieder hier zu haben!« und »Lekin pehele ek çai pienge.«*[1]
Einer der erwartungsvoll im Hintergrund stehenden Chelas rennt nach hinten, und dann kommt auch Krishnanand, der Freund, Hauptschüler und Koch des Swami, aus der kleinen Küche. Freude und Umarmen, Erstaunen. *Ap kaha se a rahe he?«*[2]
Viele Fragen, von denen ich nicht einmal die Hälfte verstehe, und immer wieder ungläubiges Kopfschütteln, Schulterklopfen, während der Çai in den Aluminiumbechern dampft und sein scharfes Aroma nach Kardamon und Ingwer und wer weiß was noch alles verströmt. Vedantanand sitzt in seinem alten Klappstuhl, lächelt belustigt über die Freude seiner Schüler, als ich die vor Jahren bestellten Mitbringsel auspacke. *»Bohut sunder he!«*[3]
»Es ist sehr schön, dich wieder hier zu haben! Doch – was führt dich immer wieder hier her? Ich weiß, daß es nicht Neugierde ist. Doch was ist es, das dich immer wieder hierher treibt – oder von zu Hause fort?
Du gehst einen Irrweg, wenn du Indien suchst. Finde dich selbst – nicht Indien! Wenn du es nicht in Deutschland fin-

1 Aber als erstes mußt du einen Tee trinken
2 Woher kommen Sie?
3 Es ist sehr schön!

An den Ufern der Ganga – einer meiner »Lehrer«

dest, warum solltest du es hier finden? Geh den Weg nach innen – nicht in die Ferne!
Und doch: es ist schön, dich wieder hier zu haben! Aber sei dir über eines im klaren: Auch die Yogis, ein Guru, ja, selbst Gott können dir auf diesem Weg nicht helfen! Es gibt nur einen, der dir wirklich helfen kann: du selbst.
Du hast deinen Weg zu gehen, und nur deinen, dann wirst du irgendwann einmal DAS erreichen, was jenseits von Form und Formlosigkeit ist!
Aber vielleicht kann dir dieses gesegnete Land ja doch etwas auf die Sprünge helfen!«
Und wieder lächelt er sein verschmitztes Lächeln und nimmt den Worten auch den letzten Rest von Schärfe. Es ist schön, akzeptiert und kritisiert zu werden – aus demselben Beweggrund: Zuneigung und den Wunsch, dich zu dir selbst zu führen.

Die Ganga strömt mächtiger denn je, die Bäume im kleinen Hof des Ashram biegen sich leicht im Wind, und über den Bergen brüten dunkle Regenwolken. Einige Stunden sind wohl schon vergangen, mit Gesprächen und Çai und Schweigen, als Vedantanand zu seiner Holzpritsche im Hof geht.
»*Was machen die Asanas, Pranayama? Laß einmal sehen!«*
Und während er von Krishnanand eingeölt und massiert wird, zeige ich ihm meine Übungen.
Zustimmendes Murmeln, ab und zu eine Korrektur, beifälliges Lächeln.- Alles in allem scheint er zufrieden! Auch ich öle mich ein, massiere den Körper, wie er es mir vor Jahren gezeigt hat, setze mich in Position und »harre der Dinge, die da kommen«.
Bevor ich dieses Mal nach Indien gefahren bin, hat mich ein Verleger gebeten, ihm ein paar Bilder von einigen Yogapositionen für das Buch eines Amerikaners zu sen-

den.[1] Die Übungen – von Marcia Moore ausgeführt – decken sich teilweise mit »meinen« Asanas, teilweise ähneln sie Tanzposen, aber vor allem eine verweigert sich mir und will einfach nicht gelingen: der Skorpion (Vrishikasana). Und als Vedantanand vom Scheitel bis zur Sohle eingeölt und massiert ist, kniet er sich auf die Pritsche, bedeutet mir mit seinem gewohnten Kopfnicken, ihn zu beobachten, nachzuahmen, was er vorführt, und zeigt mir – den Skorpion!

»Morgen werden wir diese Übung in eine neue Asanasreihe einbauen«, sagt er, nachdem ich die Übung einige Male recht unsanft auf dem harten Betonboden »beendet« habe. *»Aber für heute ist es erst einmal genug.«*

»Bas tik he!«[2]

Und dann knotet er seinen alten orangenen Lendenschurz um, den er immer außerhalb des Ashrams trägt, ruft nach einem der jungen Schüler, und wir steigen die Stufen hinab zum allabendlichen Bad in der Ganga, der lebensspendenden, himmelsgeborenen ewigen Mutter: Ganga Ma.

Sandhya – das Zusammentreffen von Tag und Nacht, dieser kurze, zögernde Augenblick der Schwebe, ist in Indien seit Jahrtausenden die Zeit für die Reinigung – körperlich und spirituell. Wir gehen durch den weichen Ufersand zur Ganga, halten im flachen, reißenden Wasser. Vedantanand taucht die Hand in den Strom, bespritzt Kopf und Stirn, Augen und Ohren, jedes Sinnesorgan, während er Mantras murmelt. Dann stützt er sich auf mich, und wir tasten uns tiefer in den jagenden Strom. Als uns das Wasser bis zur Brust geht, verweilt er kurz, sprengt Wasser in die vier Himmelsrichtungen, hält sich Ohren und Nase zu und taucht dreimal unter.

---

1 Jess Stearn, Yoga, Youth, and Reincarnation

2 Das genügt!

Der Strom zerrt an den Beinen, spült den Sand unter den Füßen weg. Eiskalt ist das aus den Himalayas kommende Naß, wahrhaft atemberaubend.
Zurück in Ashram, zieht Swamiji seinen Lendenschurz aus, wäscht ihn am Wasserhahn und hängt ihn zum Trocknen an die Leine.
Inzwischen sind seine Schüler und Verehrer aus den umliegenden Ashrams und Dörfern gekommen, sitzen in Gruppen im weichen Ufersand und warten auf den abendlichen Satsang, das Zusammentreffen mit ihrem Meister. Einer stimmt eine Hymne an, singt vor, und die anderen fallen in den Refrain ein. Immer mehr scharen sich um den kleinen Felsen, vor den ein Schüler Vedantanands ein paar alte Reissäcke gelegt hat; ein abgewetztes Tigerfell ist der Sitz des Swami. Immer drängender wird der Gesang, immer höher steigen die Stimmen, lauter und immer lauter:

»Shri Ram, Jai Ram, Jai Jai Ram.
Shri Ram, Jai Ram, Jai, Jai Ram.«

Dann endlich kommt Vedantanand in seinem federnden, so gar nicht »heiligen« Gang die Steinstufen herab, setzt sich, an den Fels gelehnt, auf sein Fell, die Füße von sich gestreckt. Und einer nach dem anderen tritt vor, verneigt sich mit vor der Brust gefalteten Händen, wirft sich der Länge nach zu Boden, berührt mit den Fingern die Zehen des Swami, danach die eigenen Augen. Darshan, der Segen des Guru. Vedantanand fragt lächelnd nach diesem und jenem, nimmt Anteil an ihren alltäglichen Sorgen, erteilt Rat.
Als alle wieder sitzen, singt er einen kurzen Sloka, ein Zitat aus den Upanishaden. Ein Moment kristallener Ruhe, dann beginnt er mit seiner allabendlichen Lecture, die sich immer um die ewig gleiche Kernaussage windet:

AYAM ATMAN BRAHMAN.[1]
Dieser Atman, der im Innern des Herzens wohnt,
ist größer als die Erde,
größer als der Luftraum,
größer als der Himmel und größer als alle Welten.

Dieser Atman, der im Innern des Herzens wohnt,
Er ist Brahman selbst![2]

Immer wieder singt er ein paar Strophen aus den Upanishaden, kommentiert sie, stellt Fragen, während die Nacht immer tiefer sinkt. Und der Mond: eine hauchfeine Sichel aus silbernem Tau. Schwärme von Fledermäusen jagen über der Ganga, schmetterlingshaft, wie Motten an einer einsamen Lampe. Die Lichter der Ashrams flimmern fluoreszierend im Strom, und die Gedanken treiben im Wind.

Nach einer starken Stunde eine letzte Anrufung Gottes, in die alle einstimmen. Wieder wirft sich jeder der Gehenden dem Swami zu Füßen, empfängt seinen Segen. Ein paar Frauen setzen sich näher zu ihm, stellen Fragen, eine Heirat betreffend, die Kinder, und erbitten seinen Rat. Dann gehen auch sie. Die Chelas verschwinden in der Dunkelheit, gehen zum Ashram, um die zweite Mahlzeit des Tages vorzubereiten, und ich bin allein mit Vedantanand. Völlig entspannt lehnt er an seinem Felsen, verschmilzt mit der Nacht, ist eins, völlig mit sich im reinen, zur Ruhe gekommen: ER SELBST.

Die Gedanken wuseln zunächst wie Ameisen, bald hier-

1 Dieses Selbst ist Brahman
2 Chandogya Upanishad

hin, bald dorthin, kommen langsam zur Ruhe und verlieren sich. Bilder tauchen auf, das Gesicht des Vaters, Licht. Alles dreht sich, wird unwirklich, leer. Vieles fällt von mir ab, und die Stille ist grenzenlos. Samyama, das Ziel allen Yogas, die Verbindung mit dem Göttlichen in Dir. AYAM ATMAN BRAHMAN.
Ich weiß nicht, wie lange wir so gesessen haben; längst sind die Fledermäuse zu ihren Schlafbäumen im Dschungel verschwunden, sind die Lichter am anderen Ufer langsam verlöscht, als mich ein Schüler Swamijis leicht an der Schulter berührt: *»Khana kaenge!«*

Das Essen ist fertig. Aber ich kann nichts essen. Ich muß diese seltsam unwirkliche Stimmung genießen, dieses Losgelöstsein, dieses Sichverlieren, das Gefühl sich auszudehnen und eins zu werden mit allem, was dich umgibt. Und so berühre ich leicht die Füße des Swami mit den Fingerspitzen, führe die gefalteten Hände an Stirn und Herz, verneige mich, vor dem Göttlichen, das in jedem Menschen wohnt, vor dem SEIN, das alles trägt, denn: Gott schläft in den Steinen, atmet in den Pflanzen, träumt in den Tieren und erwacht im Menschen.
»Namaskar! Me Parmarth djaunga!«[1] Er nickt lächelnd, stützt sich auf die Schulter seines Schülers, steht auf und steigt die Treppen zum Ashram empor.
Langsam gehe ich den dunklen Weg am Ufer entlang, vorbei an dem ausgebrannten Haus der Wäscherin, dem alten Palast, dessen Mauern von den Luftwurzeln der Pipals gesprengt werden, Schattenrisse auf schwarzem Samt. Die ersten Lichter an der Brücke, Bettler, die zusammengekauert in den Eingängen zum Tempel liegen, ein paar ewig hungrige Kühe. Der bewaffnete Wächter am Ashramtor, die Lichter in den »Käfigen« der Götter,

1 Namaskar! Ich gehe jetzt zum Parmarth Niketan

der dunkle Schacht, der zu meinem Zimmer führt, und dann: meine vertraute Pritsche, die Bücher, Heimat.
Gegen drei Uhr erwacht der Ashram. Rauschendes Wasser, morgendliches Räuspern und Husten. Und während die ersten Gesänge aus dem Tempel zu mir heraufdringen, mache ich meine Asanas, Pranayama; meditiere und verliere mich in den Klängen, gewoben aus Stille und Nacht, und »verleihe der Zeit Dauer«. Sandhya – die mystische Stunde zwischen Tag und Nacht, das Mysterium des Lichts. Und als die Nebelschleier über der Ganga langsam sichtbar werden, auftauchen aus dem nächtlichen Schatten, mache ich mich auf den Weg zu Vedantanand.
Sadhus und Bettler sitzen in langer Reihe vor den Ashrams, ihre Bettelschale schüttelnd, solange die Gläubigen noch freigiebig sind von der Morgenpuja. An den Ghats waschen sich überall die Menschen. Zusammengekauerte Frauen, schamhaft in ihre Saris gehüllt, bis zu den Hüften im Wasser. Kühe, nach Resten drängend. Tempelglocken heischen die Aufmerksamkeit der Götter. Pujas und Blütenopfer. Räucherstäbchen. Sadhus, den Dreizack Shivas auf der Schulter, strömen zum Fluß. Frühe Adler: eine Idylle, wenn nicht der viele Dreck und der allgegenwärtige Kot der Kühe zum »Himmel stinken« würde. Schon nach kurzer Zeit sind meine Hosenbeine verdreckt und beschmiert, klebt mir das Hemd am schweißnassen Körper wie gewohnt.
Und so gehe ich in einen der kleinen Läden, feilsche um einen Dhoti, denn er ist schneller gewaschen und schleift nicht immer im Schlamm der Wege. Und tatsächlich: es ist herrlich, nur in ein Tuch gewickelt zu gehen! Der leichte Wind kühlt den nackten Oberkörper, fächelt durch das hauchfeine Tuch um Hüfte und Knie.

Kein Schlamm mehr an irgendwelchen Hosenbeinen, kein klebriger Schweiß: Es ist eine Lust zu gehen. Unterwegs treffe ich einen Sadhu, der mich einlädt, ihn in Luxman Jhoola zu besuchen. Schon seit sieben Jahren lebt er dort in einem Ramtempel. *»Look at Ganga! Very fine! Just come and look!«*
Doch zuerst will ich zu Swamiji! Und so verabreden wir uns für den Nachmittag, und ich folge dem Ganges zum Ashram Vedantanands. Swamiji arbeitet unweit des Ganges, als ich kurz vor sieben bei ihm ankomme. Er schaufelt Sand, um mit seinem Schüler an der Hütte zu bauen. Reisig und Sackleinen, angeschwemmte Baumstämme, ein paar Seile. Doch wie alles, das Swamiji anfängt, sieht auch sie irgendwie »professionell« aus. Bald arbeiten wir zu dritt, im ockerfarbigen Lendenschurz nun auch ich, waschen unseren Bauschweiß in den Fluten der Ganga. Herrlich kühl ist es, der Himmel wolkenverhangen. Ein leichtes Nieseln, sehr fein und angenehm auf nackter Haut.
Das Gespräch mit Vedantanand allerdings ist immer noch problematisch. Zwar bin ich nicht mehr völlig »sprachlos«, aber für ein Gespräch über Yoga und Meditation reicht mein Hindi leider noch lange nicht. Und so bleibt uns nur die Kommunikation *heart to heart*. Aber mein westlicher Intellekt giert doch manchmal nach etwas »Exakterem«!
Nach einem kurzen Bad in der Ganga gehen wir zum Ashram. Swamiji legt sich auf seine Pritsche, läßt sich von Krishnanand und zwei Schülern mit Öl massieren. Auch ich reibe Öl in Haare und Haut, immer dem Herzen zu, mit kräftig pressenden Bewegungen. Eine Viertelstunde Massage, dann ist es genug, der Körper geschmeidig für die folgende Asanas. Und Vedantanand zeigt mir einen weitgehend neuen Übungszyklus: sehr dyna-

misch, unserer Gymnastik verwandt, doch mit allen Vorzügen des Yoga!

»Dieser Zyklus ist sehr gut für den Morgen geeignet, wenn der Körper noch etwas verspannt ist von der Nacht. Auch für den ›hektischen Westen‹ eignet sich diese Asana-Reihe besonders, benötigt sie doch viel weniger Zeit als die klassischen Asana-Reihen!«

Gemeinsam mit seinen Schülern läßt er mich wieder und wieder dieselbe Übung ausführen, bis sie einigermaßen exakt »sitzt«. Und nach zwei Stunden: *»Katam! Bas tik he!«*[1]

Inzwischen hat Krishnanand das Essen fertig: verschiedene Gemüse, Reis und Chapatis, Raita. Vedantanand bittet mich, zum Essen zu bleiben. Wir sitzen auf dem Boden der Veranda, große Aluminiumplatten vor uns, essen mit den Fingern, und streifen die Platten mit den Chapatis ab. Die Reste bekommen die Kühe, die vor dem Tor des Ashrams warten. Dann spült jeder seinen Teller in den Fluten der Ganga, poliert ihn mit dem weichen Ufersand. Als Swamiji sich zurückzieht, knüpfe ich mir meinen Dhoti um die Hüfte und mache mich auf den Weg nach Luxman Jhoola. Zunächst an den Ufern des Ganges entlang, dann etwas höher durch die Ausläufer des Dschungels, der sich an den Hängen der Berge entlangzieht und im Dunst verschwindet. Affen begleiten mich neugierig; kluge, fast nachdenkliche Augen im Grün des Waldes. Immer wieder trotten Kühe aus dem Dickicht, Geier rollen gelangweilt ihre stechenden Augen und verfolgen jeden Schritt von den Zweigen abgestorbener Bäume aus.

1 Basta! Das reicht!

An den Ufern der Ganga – ein Hatha Yogi

Dann öffnet sich der Wald zur Ganga hin. Steilufer mit Felsen, Geröll und giftigen schwarzen Echsen – und mit der Hütte eines Sadhu, die wie ein Nest über dem tosenden Strom hängt. Der Sadhu selbst: muskulöses, durchtrainiertes Braun, langes ebenholzfarbenes Haar, ein weißer Lendenschurz. Er begrüßt mich mit gefalteten Händen und bittet mich, zu ihm hinunterzukommen.
Beim Näherkommen entdecke ich eine zweite Hütte, dazwischen eine niedrige Höhle in den Fels geschlagen, mit einem Eisengitter versperrt. Die zweite Hütte ist seine Küche, die Höhle, kaum einen Meter hoch, der Platz für seine Meditation. Der freie Platz zwischen den zwei Hütten ist eingeebnet für seine Asanas; ein kleiner Garten liegt hinter der Küche: Tomaten und Chilis und Hanf. Wir setzen uns auf seine Matte – und der Platz ist wirklich vorzüglich gewählt, erfüllt alle Anforderungen, die nach der Hatha Yoga Pradipika notwendig sind, um korrekt üben zu können. Unter uns tost die Ganga über ein paar Felsen, überschüttet uns immer wieder mit einem herrlich erfrischenden, hauchfeinen Gischtregen.

»Der Yogi sollte Hatha Yoga in einem kleinen Raum üben, an einem einsamen Platz, frei von Steinen, Feuer, Wasser und allen möglichen Störungen, in einem Land, wo Gerech-

tigkeit regiert, wo gute Menschen leben und die Nahrung leicht erlangt werden kann.
Der Raum sollte weder zu hoch noch zu niedrig, frei von Dreck, Schmutz und Insekten sein, eine schmale Tür haben, einen Boden aus Kuhdung, frei von Unebenheiten. Außerhalb sollte es Schatten geben, eine kleine Plattform, eine Quelle und einen Garten.«[1]

Er bringt zwei Becher aus seiner Küche und füllt sie mit Wasser aus einem Eimer, der im Schatten der Hütte steht. *»Pani atscha he! Ganga Ma!«*[2] und er zeigt zum Fluß hinab. Dann preßt er Limonen in jeden Becher, dazu gießt er einen braunen Sirup.
Ich will ihn nicht enttäuschen, und so nippe ich an dem Becher, nicht ganz sicher, ob ich mir dadurch nicht irgendeine Infektion einfange. Freundlich lächelnd winkt er mir nach, als ich mich verabschiede, um weiterzugehen nach Luxman Jhoola. Nachtschwarz sind inzwischen die Wolken, die über den Bergen hängen, der Wind ist aufgefrischt, und dann ist er wieder da, der Monsun. Mit ungeheurer Kraft zerrt der Wind an den Kronen der Bäume, Regentropfen peitschen den Schlamm des Weges, der eben noch flüchtiger Staub gewesen ist. Bäche strömen plötzlich aus den Bergen, abwärts, der Ganga zu, Geröll mit sich reißend, Gestrüpp.
Ich stelle mich unter einen weitausladenden Palisanderbaum, um das Schlimmste abzuwarten, doch ebenso plötzlich, wie er begonnen hat, hört der Regen auf. Weißer Dunst hängt zwischen den Bäumen, der Weg dampft, und überall flattern Schwärme von Schmetterlingen.
Der Besuch in Luxman Jhoola allerdings ist ein Flop: Keiner kennt den Sadhu, den Ramtempel, den er mir be-

1 Hatha Yoga Pradipika I/12,13
2 Das Wasser ist gut! Von Mutter Ganges!

schrieben hat. Also meditiere ich in einem der Tempel, trinke einen Çai an einer der Buden, und dann gehe ich zurück.

Es ist längst dunkel, als ich endlich in Muni-ki-Reti ankomme, und so gehe ich zu meiner üblichen Diät in Rishikesh: Fresh-lime Soda bei Choti Wallah.

Vor dem mit Zelttüchern überdachten Eingang liegen zwei Kühe wiederkäuend in ihrem Kot. Auf einem kleinen Podest – das Wahrzeichen Choti Wallas: eine »lebende Puppe«. Blaubemalt, dickbäuchig und feist, rasierter Schädel mit einem kleinen abstehenden Zopf am Hinterkopf, über und über mit silbernem Glitter bestäubt. So sitzt er auf einem Stuhl, freut sich an der staunenden Aufmerksamkeit der gaffenden Pilger aus Rajasthan: Choti Walla.

Im Innern lehnen die »Kellner« gelangweilt an der Wand. Die Ventilatoren drehen sich kreischend, die Pani Wallas, meist Halbwüchsige, bringen Wasser zu den Tischen, aus der Küche dringt der Geruch von Panir Palak[1] und Alu Ghobhi[2]. Großfamilien sitzen an den Steintischen, greinende Babys, zahnlose Alte. Frauen in bunten Saris, einen Zipfel im Mundwinkel haltend, um das Gesicht zu verdecken, selbst beim Essen.

Es gibt nur wenige Plätze in Rishikesh, wo zu dieser Jahreszeit die Gefahr besteht, auf einen der wenigen westlichen Touristen zu treffen, die sich hin und wieder hierher verirren, auf den Spuren Swami Ramas oder Maharishis: der Maharishi Ashram in dem Mangohain oberhalb der Ganga, der Ashram des auf Westler spezialisierten spirituellen Rattenfängers Balkrishan am Kailash Gate und – Choti Walla.

Auch an diesem Abend sitzen zwei Westler unter den

---

1 Käse in Spinat
2 Kartoffeln mit Blumenkohl

langsam kreisenden Ventilatoren: abgemagerte, ausgezehrte Gesichter mit Kulumützen und Nepalitaschen, den Insignien der Reisenden auf der Bhang Path, der Haschischstraße, die sich von Istanbul aus quer durch diesen Kontinent windet, um sich schließlich in den Himalayas zu verlieren. Schmuckbehängt, vielfach beringt – späte Hippies mit langem, strähnigem Haar und roten, erloschenen Augen. Für die Einheimischen gehören sie zu den Kastenlosen, Unberührbare beinahe, wenig an Land und Leuten interessiert und stets auf der Suche nach noch besserem, noch günstigerem Stoff.

Als ich gerade meinen zweiten Becher trinke, kommt ein Bazari an meinen Tisch, schüttelt mir erfreut die Hand: Wir kennen uns seit Jahren. Er setzt sich zu mir, und ich lade ihn zum Essen ein: Masala Dosa[1] und Reis mit Rotis[2]. Und dann beginnt er zu erzählen:

»Sicher weißt du, was geschah, vor einer Woche, in Neel Khand? Die Scheiterhaufen brennen ja noch immer an den Ufern der Ganga, und immer noch kommen Frauen und Kinder und Kindeskinder zu den Totenfeiern, und immer noch liegt Wehklagen über dem Fluß! Aber sie waren selbst schuld! Ich weiß es genau, denn mein Vetter erzählte mir, wie es wirklich geschah!«

Im nahen Tempel schlagen die Glocken, der Ganges braust grau vom Regen und reißt an den Booten, die an den Ghats vertäut liegen.

»Sie kamen mit Bussen aus Rajasthan, und die Fahrer hielten am Ortseingang, fuhren mit ihren Bussen zur Ganga, um sie zu waschen. Und dort begann auch das Unglück: Sie kippten altes schmutziges Öl ins Wasser und betranken sich – hier in Rishikesh, der Stadt der Heiligen. Und du weißt doch, daß die Götter den Alkohol verabscheuen. Auch ein

1 In Teig gebackene Kartoffeln, Zwiebeln, Erbsen mit verschiedenen Saucen
2 Fladenbrot

paar der Fahrgäste hatten Schnaps dabei, und sie tranken und sangen die halbe Nacht im Tourist Bungalow. Mein Vetter, der dort arbeitet, hat es mir selbst erzählt. Ja, sogar als sie am nächsten Morgen nach Neel Khand pilgerten, hatten einige Schnaps dabei! Und da schickte Shiva den Berg, um den Frevel zu strafen. Und alle, alle starben. Ja, die Götter sind streng und gerecht, und Tod auf Tod stirbt, wer sie beleidigt.«

Er nickt bestätigend, nachdem er die Geschichte beendet hat – ebenso wie sein Essen. Er wischt den letzten Klecks Sauce mit einem Fetzen Roti vom Tablett und ruft nach frischem Wasser.

Dann verabschiedet er sich, lädt mich ein, ihn am nächsten Tag zu besuchen. Ich bezahle und gehe durch den nächtlichen Bazar zurück zum Ashram, zu müde, um noch irgend etwas zu tun. Und so lege ich mich auf meine Pritsche und lausche den Stimmen der Nacht: dem Heulen des Windes in den Zweigen der Palmen vor meinem Fenster, dem an- und abschwellenden Brausen des Regens, weitentferntem Hupen, dem klagenden Schrei eines Tieres im nahen Dschungel.

Die Fakten sind mir aus der Zeitung bekannt: Bei einem Bergrutsch nach dem letzten großen Regen sind über dreihundert Menschen in Neel Khand ums Leben gekommen. Aber welche Rolle spielen Fakten, hier, »wo die Wälder, die Höhlen und die Menschen von Gott träumen«[1], hier, bei den Leuten an den Ufern der Ganga!

1 Paramahamsa Yogananda

4 Die Übungen
1. Teil – Asanas, Körperhaltungen

Am nächsten Morgen stehe ich wie üblich gegen drei Uhr auf. Die ersten Asanas, Pranayama, Meditation. Ein Spaziergang entlang der Ghats, vorbei an den Tempeln, die das Ufer säumen. Kampferflammen im Dämmerlicht, Räucherstäbchen. Das Schlagen der Tempelglocken, murmelnde Gesänge, Blütenopfer und Reis und heiliges Wasser, Symbol allen Lebens, das aus ihm hervorgegangen ist. Palmblätter mit Blüten und Lichtern treiben auf dem Fluß, Gläubige nehmen ihr rituelles Bad.
Surya Namaskar, der Gruß an die Sonne, die langsam durch die Nebelwände glüht und die Bergrücken in rötliches Schimmern taucht.

Gegen sieben bin ich wieder bei Vedantanand, seine Schüler sitzen vor ihm im Kreis auf dem Boden, rezitieren die Veden, die Upanishaden, immer wieder von ihm unterbrochen, wenn eine Intonation nicht ganz stimmt, irgendeiner der uralten Sanskritverse nicht völlig im Einklang ist mit der jahrtausendealten Überlieferung, der Tradition der Meister, die dieses Wissen weitergeben, mündlich zumeist, wie hier in dieser kleinen Hütte am Fuße der Himalayas, immer wieder korrigierend, er-

klärend, Wortstämme erläuternd, in jenem halb gesungenen Sanskrit aus alter Zeit.
Schließlich ist der Unterricht zu Ende, die Schüler werfen sich vor ihm zu Boden, verneigen sich und gehen in die Küche, einen der nahegelegenen Tempel oder zur Ganga. Swamiji legt sich auf seine Pritsche und läßt sich von Krishnanand einölen. Auch ich massiere mich wieder, um die Glieder geschmeidig zu machen für die folgenden Asanas.

Die Übungen, die wir an diesem Morgen ausführen, sind eigentlich keine Einzelübungen wie in den klassischen Asanasreihen, sondern Übungszyklen, bei denen mehrere Asanas zu einem harmonischen Ganzen zusammengeführt werden.

Aufwärmübungen

Gruß an die Sonne (Surya Namaskar)

Diese Übung wurde vor allem durch den Raja von Oundh bekannt, der sie in den Schulen seines Fürstentums einführte. Er schreibt über diese Übung: *»Mein eigenes Leben und jenes der Meinen ist dank Surya Namaskar ein Lied des Glückes.«*[1]

Sie besteht aus einer Reihe von zwölf Positionen – eigentlich sind es nur sechs, die in umgekehrter Reihenfolge wiederholt werden –, die harmonisch ineinander übergehen. Der ganze Körper wird gestreckt und gedehnt, die Wirbelsäule geschmeidig gemacht, die Mus-

1 André van Lysebeth, Yoga für Menschen von heute

kulatur gestärkt, Atmung und Herzrhythmus werden beschleunigt, Gelenke beweglicher und die Taille schlanker.

Ohne sie als Allheilmittel zu sehen, schreibt der Raja dieser Übung doch eine Fülle von Wirkungen zu, und jeder, der diesen Übungszyklus über einen gewissen Zeitraum hin regelmäßig ausgeführt hat, wird ihm zustimmen. So schreibt er unter anderem:

- *Surya Namaskar wirkt nicht auf einen Teil des Körpers, sondern auf den ganzen Organismus.*

- *Surya Namaskar stärkt das Verdauungssystem, indem es den Unterleib abwechselnd dehnt und zusammenpreßt. Sie massiert die Eingeweide, aktiviert die Verdauung etc.*

- *Surya Namaskar stärkt das Nervensystem dank abwechselnder Dehnung und Biegung der Wirbelsäule. Sie reguliert die Funktion des Sympathikus und des Parasympathikus, fördert den Schlaf und das Gedächtnis.*

- *Surya Namaskar regt die Funktion der innersekretorischen Drüsen an und normalisiert ihre Funktion, besonders die der Schilddrüse durch die Kompression des Halses ...* [1]

1 André van Lysebeth, Yoga für Menschen von heute

Ein hohes Lied auf diese einfache Übung! Natürlich gibt es von dieser Übung mehrere Varianten. Natürlich betonen die einen, daß es besonders wichtig sei, sie möglichst langsam – wie im Tai Chi – auszuführen, während andere ihre Hauptwirkung in einer möglichst schnellen Ausführung sehen. Sicher hat jede dieser Meinungen ihre Berechtigung, und so sollte jeder das ihm gemäße Tempo für diese Übung – wie für alle anderen – finden. Vedantanand ist ein Mann der Mitte, und so haben wir in zügigem, aber nicht zu schnellem Tempo geübt.

»Surya Namaskar – der Gruß an die Sonne?« fragt Vedantanand.

»Der Name hat sicher auch in dieser Bedeutung seine Berechtigung, und die beste Übungszeit ist – wie bei allen Asanas – sicher die Zeit des Sonnenauf- und Sonnenuntergangs. Aber das ist nicht alles.

Natürlich weißt du was Namaskar bedeutet, benutzen wir es doch täglich als Gruß oder zum Abschied, viele Male am Tag. Doch was bedeutet es eigentlich wirklich – Namaskar? Nama ist das Geistige im Gegensatz zum Körperlichen, und so bedeutet dieser Gruß eigentlich, daß man das Göttliche im anderen grüßt. Und Surya? – Surya ist die Sonne, die Quelle von Licht, Wärme und Leben, nicht nur außerhalb deiner selbst – auch in dir. Sie entspricht dem Manipura Chakra, dem Sonnengeflecht, dem Hauptspeicher von Prana. Und so erreichst du mit dieser Übung vieles gleichzeitig: Du lockerst den ganzen Körper, bringst den Kreislauf in Schwung, vor allem aber wirst du dir der Energie bewußt, die dich und das ganze Universum erhält und erhellt. Nenn sie Surya oder Prana, Sonne oder Atem – es ist ewiges Sein, das du grüßt!«

1. Bei dieser Übung steht man zunächst aufrecht mit ge-

schlossener Fußstellung, die Handflächen berühren sich vor der Brust in der Geste der Begrüßung und Verehrung, der ANJALI MUDRA. Man neigt leicht den Kopf nach vorne und atmet dabei aus.

2. Nun streckt man die Arme möglichst weit nach hinten über den Kopf, beugt sich aus der Taille heraus zurück und atmet hierbei ein.

3. Ausatmend beugt man sich nun nach vorn, bis die Handflächen den Boden berühren und die Stirn möglichst nahe am Knie ist.

4. Das linke Bein wird nun nach hinten gestreckt, so daß das Knie den Boden berührt, das rechte Bein angewinkelt, das Kinn nach oben gestreckt, während man einatmet.

5. Die Luft wird ausgeatmet, Füße und Handflächen sind auf dem Boden. Rumpf und Beine bilden ein gleichseitiges Dreieck.

6. Knie und Brust werden nun nach unten verlagert, bis Kinn, Brust und Knie den Boden berühren. Die Hüfte wird jetzt nach oben gereckt, hierbei hält man die Luft an.

7. Beim Einatmen werden die Hüften gesenkt und die Zehen nach hinten gestreckt. Man biegt Oberkörper und Nacken möglichst weit zurück. Die Beine bleiben geschlossen, die Schultern möglichst weit unten.

8. Nun geht man zurück in die Stellung 5.

9. Dann wiederholt sich die Position 4., wobei nun das

Gruß an die Sonne 1

Gruß an die Sonne 2

Gruß an die Sonne 3

Gruß an die Sonne 4

Gruß an die Sonne 5

Gruß an die Sonne 6

Gruß an die Sonne 7

Gruß an die Sonne 8

Gruß an die Sonne 9

Gruß an die Sonne 10

Gruß an die Sonne 11

Gruß an die Sonne 12

rechte Bein nach hinten gestreckt und das linke angewinkelt wird. Hierbei atmet man ein.

10. Beim folgenden Ausatmen nimmt man wieder die Stellung 3. ein.

11. Einatmen und die Arme wieder weit nach hinten wie bei Position 2.

12. Ausatmen und Rückkehr in die Ausgangsstellung.

Die Hände sollten von der dritten bis zur zehnten Position auf der gleichen Stelle verharren, Atem und Bewegung mit der Zeit völlig synchron harmonieren. Dies alles klingt zunächst etwas kompliziert, doch wer die Übung ein paarmal erprobt hat, merkt, wie einfach sie im Grunde ist. Dieser Asanazyklus sollte drei- bis zwölfmal wiederholt werden, je nach verfügbarer Zeit.

Triangelzyklus (Trikonasana)

Die folgende Übung regt den Stoffwechsel an, baut Fettpolster im Bereich der Hüfte ab, dehnt die Wirbelsäule zu den Seiten hin, stimuliert die Rückennerven und regt die Verdauung an. Die Unterleibsorgane werden sanft massiert, der Körper wird leichter, und andere Asanas gelingen besser. Außerdem ist diese Übung besonders hilfreich bei Menstruationsbeschwerden.

1. Man steht aufrecht mit gegrätschten Beinen, die Hände liegen mit den Daumen nach hinten in der

Taille. Nun wippt man zunächst drei- bis fünfmal mit dem Oberkörper nach links, dann nach rechts. Die Knie bleiben gestreckt, die Hüften gerade.

2. Man bleibt mit gegrätschten Beinen stehen und streckt die Arme seitlich in Schulterhöhe, die Handflächen zeigen nach oben. Nun berührt man abwechselnd mit der rechten Hand die Innenseite des linken Fußes, mit der linken die Innenseite des rechten. Bei der Berührung von Hand und Fuß atmet man aus, während der Gegenbewegung ein. Die Knie bleiben die ganze Asana über gestreckt.

3. Die Beine bleiben gegrätscht, während des Ausatmens beugt man den Rumpf langsam nach links und leicht nach vorn, bis die linke Hand den linken Knöchel innen umfaßt. Der rechte Arm liegt gestreckt mit der Handfläche nach unten parallel zum Boden am rechten Ohr an, die Augen blicken zur rechten Hand. Man verharrt ein paar Atemzüge in dieser Stellung, dann wiederholt man diese Übung nach rechts.

4. Die Ausgangsstellung bleibt dieselbe: mit seitlich gestreckten Armen atmet man ein, dann beugt man ausatmend den Rumpf, bis der rechte Arm den linken Knöchel außen umfaßt. Der linke Arm ist senkrecht nach oben gestreckt, der Rumpf so weit wie möglich gedreht, die Augen blicken zu den Fingerspitzen der linken Hand. Auch in dieser Position verharrt man einige Atemzüge lang, bevor man sie zur anderen Seite hin wiederholt.

Die Positionen 1. und 2. dieser Asanas können in zügigem Rhythmus durchgeführt werden, 3. und 4. sollten völlig ruhig und entspannt in langsamem Tempo geübt werden (siehe farbige Abbildungen).

Frosch (Dandh)

Diese Übung gleicht Teilen des Sonnengrußes und der Kobra und verbindet diese mit den Vorzügen der westlichen »Liegestütze«.
Die Wirbelsäule wird geschmeidiger, Rücken- und Bauchmuskulatur gestärkt, Fettpolster verschwinden, Oberschenkel- und Armmuskeln werden trainiert, die Gelenke beweglicher.

1. Steh aufrecht, die Füße etwa vierzig Zentimeter auseinander. Beug dich nun zum Boden, bis du mit gestrecktem Körper in einer »schiefen Ebene« auf Handflächen und Zehenspitzen ruhst. Bilde nun mit dem Oberkörper einen Bogen; das Schambein berührt den Boden, Kopf und Nacken werden weit nach oben und hinten gedehnt, ähnlich wie bei der Kobra.

2. Drück den gesamten Körper nach hinten, bis du wie ein zum Sprung bereiter Frosch dasitzt, der Scheitel zeigt zum Boden. »Pendle« nun in gleichmäßigem schnellen Rhythmus zwischen diesen beiden Positionen hin und her, bis du zu schwitzen beginnst. Du merkst sofort, wo diese Übung wirkt.

Kniebeugen (Bai Thak)

1. Richte dich wieder auf, die Füße bleiben in ihrer Position, die Hände werden zu Fäusten geballt. Geh einatmend in die Knie und wieder hoch, während du mit

den Armen einen Halbkreis von hinten nach vorne beschreibst. Stoß nun die Arme abgewinkelt seitlich zurück, wobei du laut hörbar stoßartig durch die Nase ausatmest. Wiederhole diese Übung zehn- bis fünfzehnmal.

2. Dann setzt du die Übung genauso fort – Beine, Atmung, alles bleibt gleich – nur die Hände werden nun, wenn die Arme waagerecht gestreckt vor dem Körper sind, zur KARKATA MUDRA gefaltet, der Geste der Krabbe, bei der die Finger der einen Hand in die Zwischenräume der anderen gleiten. Schwing die gefalteten Hände weit nach hinten über den Kopf. Wiederhole auch diesen Teil der Asana zehn- bis fünfzehnmal.

3. Wipp in den Knien auf und nieder, wobei du mit den Armen vor und zurück pendelst.

4. Bleib in dieser Hocke und führ den gestreckten rechten Arm vor der Brust möglichst weit nach links, wobei du den Oberkörper mitdrehst; mit der linken Hand stützt du dich hinter dem Rücken auf dem Boden ab. Dann folgt dieselbe Asana nach rechts. Wiederhole diese Übung mindestens fünfmal zu jeder Seite. Atme bei jeder Drehung stoßweise laut durch die Nase aus. Dann bleib noch einen Moment tief in der Hocke sitzen, in der Krähenhaltung, der KAGASANA.

Diese Übung kräftigt vor allem Knie und Waden, weitet den Brustkorb, vertieft die Atmung und reinigt durch die stoßweise Ausatmung die NADIS, die Energiekanäle, durch die nach der Philosophie des Yoga PRANA, die alles erhaltende Lebensenergie, zu allen Körperteilen geleitet wird. Nach der Yogaphilosophie durchziehen den Körper 72 000 Nadis, und es heißt:

Wenn das gesamte System der Nadis,
das voller Unreinheiten ist, gereinigt ist,
dann wird der Yogi fähig, Prana zu kontrollieren.[1]

In einem späteren Kapitel (Pranayama) wird hierauf näher eingegangen.[2] Die Positionen 3. und 4. stärken außerdem die Oberschenkelmuskulatur, verleihen der Wirbelsäule eine seitliche Flexibilität und beseitigen Fettpolster in der Taille. Durch die seitliche Drehbewegung werden die Nerven des Rückgrates gekräftigt und die inneren Organe abwechselnd komprimiert. Diese Übung stärkt und belebt den gesamten Organismus, korrigiert Abweichungen der Wirbelsäule und regt die Verdauung an.

Kräftigung des Rückens (Kati-Shakti-Vikasaka)

Diese Übung setzt die vorangegangene Asana fort. Sie macht den Rücken geschmeidig und fördert bei jungen Menschen das Wachstum. Der Brustkorb vergrößert sich, und die Atemkapazität wird dadurch erweitert. Erschlaffte Rückenpartien regenerieren sich, Fettpolster in der Taille verschwinden.

»Wir haben schon früher ähnliche Übungen durchgeführt, auch sie heißen KATI-SHAKTI-VIKASAKA, *doch sie werden im Stehen praktiziert. Diesmal üben wir sitzend. Setz dich auf den Boden und streck die Beine aus. Der Oberkörper ist völ-*

1 Hatha Yoga Pradipika II/5
2 Vgl. hierzu auch: V. Christmann, Das Yoga-Buch – Philosophie und Praxis des Yoga

lig aufgerichtet. Schwing nun die Arme nach rechts – der rechte Arm bleibt gestreckt, der linke wird abgewinkelt, die Hand berührt mit ihrer Kante die Brust – und atme dabei hörbar und ruckartig durch die weitgeöffneten Nasenlöcher aus. Dann wiederholst du dasselbe nach links und nach rechts in gleichförmigem Rhythmus. Ausatmend, wenn die Hand die Brust berührt, einatmend, während du die Arme schwingst. Wiederhol diese Übung, bis sich der Pulsschlag erhöht und du leicht ins Schwitzen kommst. Faß dann im selben Rhythmus abwechselnd mit rechtem Daumen und Zeigefinger den großen Zeh des linken Fußes, während der linke Großzeh zurückgezogen wird, mit dem linken Daumen und Zeigefinger den großen Zeh des rechten Fußes. Dies ist eine einfache aber wirkungsvolle Variation von AKARNA DHANURASANA, *der Pfeil-und-Bogen-Stellung, der Stellung des Bogenschützen. Atme bei jeder Berührung der Zehen laut durch die Nase aus, bei der Gegenbewegung ein. Wiederhol auch diese Übung etwa zehnmal nach jeder Seite«* (siehe farbige Abbildungen).

Hüfte und Schultergelenk werden bei dieser Asana gedehnt, die Beinmuskeln gestreckt, Arme und Beine gestärkt. Außerdem werden die inneren Organe des Bauchraumes sanft massiert und die Durchblutung verbessert.
Diese dynamischen und rhythmischen Übungen bilden den ersten Teil dieses Übungszyklus. Atem und Bewe-

gungsablauf sollten mit der Zeit eine fließende, harmonische Einheit bilden, um den Körper in seiner Gesamtheit zu aktivieren und zu vitalisieren. Diese Übungen entsprechen exakt der Bedeutung des Wortes Hatha Yoga, der Harmonisierung von positiven (HA) und negativen (THA) Strömen im Menschen, der Verschmelzung von weiblicher und männlicher Energie, Yin und Yang, Sonne und Mond, Shiva und Shakti. Yoga, die Vereinigung mit dem eigenen Selbst, dem Urgrund allen Seins:

Ob jung, alt oder sehr alt, krank oder schwach,
jeder, der die Bequemlichkeit ablegt,
wird Erfolg haben,
wenn er Yoga übt.

Erfolg kommt zu dem, der sich auf die Praxis einläßt.
Wie kann jemand Erfolg haben ohne Praxis?
Wenn man Yoga-Bücher nur liest,
kann dies niemals zum Erfolg führen.

Erfolg kann nicht dadurch erreicht werden,
daß man eine bestimmte Kleidung trägt.
Er kann nicht durch Märchenerzählen erreicht
werden.
Übung allein führt zum Erfolg.[1]

Dieser erste – eher gymnastische – Teil endet mit einer Entspannungsübung, der SHABASANA, der Totenstellung.

1 Hatha Yoga Pradipika I/66 – I/68

Totenstellung (Shabasana/Shava-Asana)

Diese klassische Entspannungsübung kann zusätzlich vor, nach und zwischen den einzelnen Asanas ausgeführt werden. Auch außerhalb der Übungszeiten – wann immer man sich entspannen möchte – kann man diese Asana einnehmen.

»Shabasana, die Stellung des Todes … Doch: Wer ist tot? Was? Was ist das? Tod? – Das Erwachen aus einem Traum! Grausam manchmal, und manchmal – so schön! Und doch: Spinnweben vor weißer Wand. Nicht, daß es all dies nicht gäbe, diese ganze unermeßliche Welt! Natürlich gibt es sie! Natürlich ist sie real! Doch das, was wir sehen – mit unserem Traumbewußtsein sehen – ist nur ein kleiner Ausschnitt, ein Stecknadelkopf der Welt. Wieviel größer ist sie, wieviel schöner! Doch wir sehen sie nicht …
Shabasana, die Stellung des Todes. Hör, was die Upanishaden dazu sagen:

Dieser Purusha durchwandert,
gleichbleibend sich stets,
beide Welten.

Nachzusinnen scheint er,
sich zu bewegen,
Voller Gedanken, Traum geworden,
überschreitet er diese Welt.

Wenn dieser Purusha bei seiner Geburt
mit einem Leib sich verbindet,
verbindet er sich
mit allerlei Übel.

Wenn er auszieht
und stirbt,
verläßt er die Übel,
die Gestalten der Tode.[1]

Und diese Erfahrung kann dir Shabasana vermitteln, der kleine Tod. Dein Selbst kommt zur Ruhe, ruht in sich selbst, erwacht aus dem äonenlangen Traum und erkennt die wahre Realität: sich selbst. Erkennender, Erkenntnis und Erkanntes sind in Wirklichkeit – eins. Söhne desselben Vaters, Früchte desselben Baums: Satchitananda, reine Seligkeit, ewiges Sein.
Und das wird erfahrbar, wenn die Wogen des Alltagsbewußtseins sich glätten, durch DHYANA, Meditation, wie ihr das im Westen wohl nennt. Und eine Vorstufe davon ist Shabasana, die Totenstellung.
Doch genug der Philosophiererei! Shabasana ist in Wirklichkeit sehr einfach, in der Hatha Yoga Pradipika steht hierzu nur:

Auf dem Boden zu liegen wie ein Toter
wird Sava-Asana genannt.
Diese Asana beseitigt Müdigkeit
und bringt den Geist (mind) zur Ruhe.[2]

Wenn Körper und Geist verspannt sind, solltest du Shabasana allerdings etwas ausführlicher praktizieren. Leg dich mit leicht gespreizten Beinen auf den Rücken, die Arme liegen mit etwas Abstand seitlich vom Körper, die Handflächen nach oben. Die Zehen weisen etwas nach außen.
Streck das rechte Bein, wobei du die Zehen in Richtung

1 Brihad Aranyaka Upanishad
2 Hatha Yoga Pradipika I/34

des Knies ziehst, bis sich die Ferse leicht vom Boden hebt und das Bein bis zur Hüfte völlig gespannt ist. Verharre so einige Augenblicke, lös die Spannung und bleib völlig entspannt liegen. Dann wiederholst du dasselbe mit dem linken Bein.
Schließ die rechte Hand zur Faust, presse sie richtig zusammen, spann den ganzen Arm, die Schulter, die rechte Brusthälfte und entspann dich wieder. Wiederhole nun diese Übung für die linke Seite.
Nun spann den ganzen Körper an, zieh den Hinterkopf leicht zur Schulter und reck das Kinn vor. Entspann dich dann wieder und fühl, wie dein Körper mit dem Boden verschmilzt, gleichsam in den Boden versinkt wie in Watte, schwerer wird und immer schwerer.

Betrachte deine Gedanken, die kommen und gehen. Identifiziere dich nicht mit ihnen! Laß dich nicht von ihnen gefangennehmen. Betrachte sie einfach als unbeteiligter Zeuge. Und plötzlich verlieren sie sich wie früher Nebel im Licht des neuen Tages, und du bist frei. Zunächst nur für Sekunden, Bruchteile von Sekunden nur. Doch mit der Zeit lernst du diesen Zustand bewahren. Und dann wird dein Leben zu Yoga, zu Eins-Sein mit der ganzen Schöpfung. Und Shabasana ist ein Einstieg in das spirituelle Yoga. Eine wahrhaft einfache Übung, doch kann sie – richtig ausgeführt – sehr viel bewirken.«

Wenn diese psychische Kraft in dir erweckt wird,
werden all die Götter mit gefalteten Händen
vor dir stehen,
um dir zu dienen.[1]

1 Impossibilities Challenged 6/27

Zusammenfassung

Die hier beschriebene Aufwärmübung ist ein aus insgesamt sechs Einzel-Asanas zusammengesetzter Zyklus. Zusammen sind sie eine ideale Vorbereitung des Körpers auf die folgenden Übungen, denn sie lockern den ganzen Körper, bringen den Kreislauf in Schwung und machen den Übenden den auch im eigenen Organismus vorhandenen Anteil an PRANA bewußt, der Energie, die das ganze Universum erhält und erhellt. Gleichzeitig haben sie durch ihren gymnastischen Charakter muskelaufbauende Wirkung und bekämpfen wirksam unerwünschte Fettpölsterchen.

Ich liege auf einem alten Reissack, leichter Monsunregen hängt in der Luft, die Geckos an der Decke starren träge. Der Wind fächelt in den Zweigen der Palisanderbäume, der Mangos und Pipals. Die Gedanken treiben, verlieren sich irgendwo. Flüchtige Schatten.

»Träum nicht! Wach auf! Du träumst schon viel zu lange! Sei wenigstens bei deinen Übungen vollkommen wach!« Vedantanand hockt auf seiner Pritsche. »Nachdem wir nun unser ganzes ›System‹ geweckt haben, Körper und Geist biegsam und klar sind wie geschmiedeter Stahl, kommen wir zu den etwas statischeren Übungen, Asanas wie sie hier in jedem Ashram gelehrt werden, Teilen der berühmten Asanas-Reihe von Rishikesh.[1]
In der Hatha Yoga Pradipika wirst du manche dieser Übungen als Asana und als Mudra, als Siegel oder Zeichen wiederfinden. Durch sie wird die KUNDALINI geweckt, die mystische Schlange im MULADHARA CHAKRA. Hör in dich hinein, lausche auf die Botschaft jeder Zelle.

---

1 Vgl. V. Christmann, Das Yoga-Buch – Philosophie und Praxis des Yoga

Diese Übungen wirken in der Tiefe – in Körper und Geist.
Sie sollten völlig ruhig, langsam und entspannt ausgeführt werden. Vermeide jede Gewalt! Alles muß völlig ›rund‹ und harmonisch ablaufen.«

Schulterstandzyklus

Schulterstand (Sarvangasana)

Diese SARVA (alle) ANGA (Glieder) ASANA (Körperhaltung) ist also wörtlich genommen eine »Stellung aller Glieder«. Nach Swami Shivananda, einem der großen indischen Heiligen der Neuzeit, der den Yoga auch im Westen wieder bekannt gemacht hat, reicht diese Asana zusammen mit Zange (PASCHIMOTHANASANA) und Kopfstand (SHIRSHASANA) aus, um den Körper völlig gesund zu halten. Ihre wichtigste Wirkung ist die Anregung der Schild- und Nebenschilddrüse und die Normalisierung ihrer Funktion. Außerdem bewirkt diese Übung eine bessere Durchblutung und eine Entlastung der Organe des Bauchraumes. Die Wirbelsäule wird – vor allem im Nackenbereich – gestreckt, die Muskulatur des Bauchgürtels gestärkt, Kopf und Hirn werden besser durchblutet.

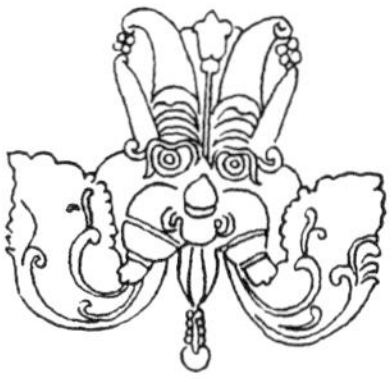

Leg dich mit ausgestreckten Beinen auf den Rücken. Leg die Hände mit dem Handrücken nach oben unter das Gesäß. So ist es leichter, die Brust in ihrem oberen Bereich zu weiten. Atme ein paarmal tief ein und aus. Nun heb langsam die gestreckten Beine an. Ganz langsam.

Versenk dich ganz in deinen Bauch, und du wirst spüren, wie diese Übung jeden Muskel deines Bauchgürtels beansprucht, ausgehend von den Lenden über den unteren Bauchraum bis zum oberen Bauchraum unterhalb der Brust. Laß die Beine zwei- bis dreimal verweilen, bis du leicht zu zittern beginnst, dann heb sie weiter, nach hinten, und heb die Hüften vom Boden. Strecke nun die Wirbelsäule, bis Rumpf und Beine völlig vertikal stehen. Stütz deinen Körper mit den Händen möglichst nah an den Schulterblättern, die Daumen zeigen nach vorn, und drück das Kinn fest an den Halsansatz. Bleib in dieser Position ein paar Atemzüge lang. Grätsch nun die gestreckten Beine ein paarmal und führ die Füße wieder zusammen, als wolltest du mit den Füßen »klatschen«, dann schlag abwechselnd mit den Fersen auf das Gesäß. Zunächst mit der linken Ferse auf die linke Pobacke, mit der rechten auf die rechte Pobacke, dann mit der linken auf die rechte Pobacke, mit der rechten auf die linke. Nun streck die Beine wieder und nimm langsam die Stellung des Pfluges ein (siehe farbige Abbildungen).

Pflug (Halasana)

Diese Stellung wirkt besonders stärkend auf die gesamte Wirbelsäule. Die Rückenmuskulatur wird gedehnt, die Durchblutung angeregt. Die Schilddrüse wird komprimiert, ihre Funktion normalisiert. Durch das Zusammenpressen des Bauches werden die inneren Organe massiert, die Muskeln des Bauchgürtels gestärkt. Die Yogis schreiben dieser Übung eine verjüngende Wirkung auf den gesamten Organismus zu.

Senk die gestreckten Beine möglichst weit hinter dem

Kopf zu Boden, bis die Zehen den Boden berühren. Die Beine bleiben gestreckt. Arme und Hände liegen zunächst hinter dem Rücken flach auf dem Boden. Führe nun die Hände nach hinten, bis du mit den Fingern die Zehen berührst, und bleib einige Atemzüge in dieser Stellung. Preß das Brustbein möglichst fest gegen das Kinn. Dann bring die Beine wieder in die Schulterstandstellung, ohne dich mit den Händen abzustützen. Führ die Arme parallel zum Rumpf den Knien zu, und bleib auch in dieser Stellung ein paar Atemzüge lang, bevor du die Stellung der Brücke einnimmst (siehe farbige Abbildungen).

Brücke (Sethu Bandhasana)

Diese Übung ergänzt Schulterstand und Pflug. Die Wirbelsäule wird nun in die andere Richtung gedehnt, Bauch- und untere Rückenmuskulatur werden gestärkt, der Brustraum erweitert. Wirbelsäule und Gelenke werden geschmeidiger, das Nabelzentrum (MANIPURA CHAKRA) aktiviert.

Stütz dich mit den Händen in den Hüften ab – die Daumen zeigen wieder nach vorn, dem Bauch zu, und beug zunächst ein Bein, bis du mit der Fußsohle auf dem Boden bist, dann das andere. Geh nun mit den Füßen nach vorne, bis die Knie gestreckt sind und die Fußsohlen flach auf dem Boden liegen. Der Körper bildet hierbei einen vollkommenen Bogen vom Kopf bis zu den Zehen.

Halte diese Stellung ein paar tiefe Atemzüge lang. Bring nun den Körper langsam zu Boden. Entspanne dich, indem du BAL ASANA ausführst, die Kinderübung.

Rad (Variation im Knien); auch als Kapotasana –
Die Taube – bekannt.

Kinderübung (Bal Asana)

Bleib mit dem Rücken auf dem Boden liegen. Heb den Kopf leicht an, und führ mit Armen und Beinen die Bewegungen des Radfahrens aus. Langsam und gleichmäßig, zeitlupenhaft, wie die Bewegungen der chinesischen Tai-Chi-Übungen.

Diese kinderleichte Übung lockert den ganzen Körper und entkrampft eventuell aufgetretene Verspannungen.

Rad (Chakrasana)

Eine herausragende Stellung nimmt in den meisten Systemen des Ostens das Nabelzentrum ein. Dieses MANIPURA CHAKRA kontrolliert nach der Philosophie des Yoga die 72 000 Nadis, jene Lebensadern, die den ganzen Körper durchziehen und ihn mit Lebensenergie, PRANA, versorgen. Eine Störung in diesem Bereich wirkt sich somit auf den gesamten Organismus aus. Eine wichtige Übung, die diese Mitte des Menschen harmonisiert und anregt, ist CHAKRASANA, das Rad. Swami Shivananda sagte einmal: »Wer diese Asana übt, erlangt vollkommene Kontrolle über seinen Körper.«

Stell die Füße leicht gespreizt mit gebeugten Knien nahe am Gesäß auf den Boden. Leg die Hände hinter die Schultern, wobei die Finger nach vorn zeigen, den Füßen zu. Heb nun die Hüften vom Boden, drück dich mit Armen und Beinen hoch und bleib ein paar Atemzüge lang in dieser Stellung. Nun kehr langsam zum Boden zurück (siehe farbige Abbildungen).

Schulterstand, Pflug, Brücke, Bal Asana und Rad bilden in diesem System eine Einheit, einen fortlaufenden Zyklus. Mit etwas Übung gehen die einzelnen Asanas dieser Reihe fließend ineinander über, ergänzen sich, wirken ausgleichend: vollendete Harmonie, Verbindung solarer und lunarer Energie, männlicher und weiblicher, Ha Tha, Yoga.

Zusammenfassung

Der Schulterstandzyklus wirkt neben einer wohltuenden Entspannung und Dehnung der Wirbelsäule vor allem auf die Organe der Bauchhöhle, die durch seine Bewegungsabfolge massiert, durchblutet und damit aktiviert und entgiftet werden. Ein weiterer, wichtiger Effekt dieses Übungszyklus ist seine anregende Wirkung auf die Schild- und Nebenschilddrüse, mit der er zur Normalisierung des Hormonhaushaltes im Körper beiträgt.

Zangenzyklus (Paschimothanasana)

Diese Paschimothanasana transportiert Prana von der Vorderseite zur Rückseite des Körpers. Sie entzündet das Feuer der Verdauung, beseitigt Fettleibigkeit und heilt alle Krankheiten des Menschen.[1]

Auch Swami Shivananda, einer der bekanntesten Yogis dieses Jahrhunderts, räumt dieser Übung eine zentrale Stellung innerhalb der Asanas ein. Drei Übungen reichen seiner Ansicht nach aus, um Körper und Geist voll-

1 Hatha Yoga Pradipika I/31

kommen gesund zu erhalten: Kopfstand, Schulterstand und Zange.

Immer wieder wird auf die besonderen esoterischen Wirkungen dieser Asana verwiesen. Paschima Than bedeutet im »hinteren Teil aufsteigend« und beschreibt somit den Weg, den Prana, die alles erhaltende Lebensenergie, bei dieser Übung nimmt. Diese kosmische Energie alles Lebendigen steigt bei der Zangenübung durch die zentrale Bahn des feinstofflichen Körpers, die Shushumna, das Rückgrat entlang hoch, bis sie den Hinterkopf erreicht.

Auf ihrem Weg aktiviert sie die einzelnen CHAKREN, Energiezentren des feinstofflichen Körpers, und bewirkt so eine Regeneration des gesamten Körpers.[1]

Diese Übung ergänzt die Wirkungen des vorangegangenen Zyklus. Die Muskulatur des Bauchgürtels und des Rückens wird gestärkt, Muskeln und Sehnen der Beine werden gedehnt. Die Organe der Bauchhöhle werden durch diese Asana angeregt und in ihrer Funktion normalisiert. Leber, Nieren, Blase und Bauchspeicheldrüse werden stimuliert, die Hormonproduktion aktiviert, so daß diese Übung in Indien zur unterstützenden Behandlung bei einer Vielzahl von Krankheiten eingesetzt wird. Auch bewirkt diese Übung eine Verjüngung des gesamten »Systems Mensch«.

Es gibt einige Variationen dieser Übung, doch sind sie in ihren Wirkungen letztlich gleich. In der Hatha Yoga Pradipika steht zur Ausübung dieser Übung lediglich:

> Wenn die Beine wie ein Stock auf dem Boden ausgestreckt sind, während man die Zehen mit beiden

1 Vgl. V. Christmann, Das Yoga-Buch – Philosophie und Praxis des Yoga

Händen umfaßt und der Kopf auf den Oberschenkeln ruht, nennt man dies Paschimothanasana.[1]

Diese Übungen werden in der Yogalehre auch als wichtige MUDRAS gelehrt, die vor allem der Erweckung spiritueller Kräfte dienen.

Zange (Paschimothanasana)

Setz dich aufrecht hin und streck die Beine. Drück die Knie etwas durch und beug die Zehen leicht den Knien zu. Atme aus, umfasse mit den Mittelfingern die großen Zehen und hake die Daumen ineinander. Die Ellbogen ruhen auf dem Boden, während du die Stirn auf die Knie legst. Zieh den Bauch so weit wie möglich hoch und nach hinten, dem Rückgrat zu. Hierdurch treibst du Prana durch die SHUSHUMNA zum Schädel. Dies ist gleichzeitig einer der »großen Verschlüsse«, UDDIYANA BANDHA. Verharr einige Augenblicke in dieser Position, dann richte dich wieder auf (siehe farbige Abbildungen).

Halbe Kopf-Knie-Stellung (Janu Shirasana)

Diese Übung ist auch als MAHA MUDRA, das große Licht, bekannt. Sie vermittelt die Erfahrung der Einheit von individueller und kosmischer Existenz, die Erfahrung reinen Seins, SAT-CHIT-ANANDA[2]
Setz dich aufrecht hin, die Beine nach vorn gestreckt. Beug nun das linke Bein und leg die Ferse an den Damm. Die Fußsohle drückt gegen den rechten Oberschenkel. Atme nun vollständig aus, indem du den Bauch nach

---

1 Hatha Yoga Pradipika I/30
2 Sein-Bewußtsein-Seligkeit

hinten und oben ziehst (Uddiyana Bandha). Beuge dich nach vorn, senk den Kopf auf das rechte Knie und umfaß mit Mittelfingern und Daumen den großen Zeh. Verharre solange du kannst, ohne Anstrengung und ohne zu atmen, in dieser Stellung. Dann richte dich langsam auf, atme ein, aus, und übe dasselbe nach der anderen Seite.

Schildkröte (Kurmasana)

Dann grätsche die Beine, leg die verschränkten Hände in den Nacken und drücke, während du ausatmest, den Kopf zwischen den gegrätschten Beinen möglichst weit zum Boden, bis du nach einiger Zeit des Übens mit der Stirn den Boden berührst. Wenn du das anstrengungslos schaffst, kannst du zusätzlich versuchen, die Arme und Schultern unter den Knien hindurch nach hinten auf dem Boden auszustrecken – aber das sparen wir uns für später.

Zusammenfassung

Der Zangenzyklus hat einen ausgesprochen ganzheitlichen Effekt, da durch ihn Prana die zentrale Bahn, die SHUSHUMNA, entlang und durch sämtliche Energiezentren des Körpers an der Wirbelsäule emporsteigt. Aktiviert wirken sich diese Energiezentren, die CHAKREN, regenerierend auf den gesamten Körper aus. Der Übung werden in Indien heilende Auswirkungen auf vielerlei Krankheiten und zusätzlich revitalisierende und verjüngende Effekte für den ganzen Menschen zugeschrieben.

Zyklus der Gleichgewichtsübungen

Krähe (Kakasana)

Alle Gleichgewichtsübungen stärken die Fähigkeit zur Konzentration und bereiten somit den Geist auf DHARANA vor, die Fokussierung des Geistes.
Außerdem stärkt diese Asana die Handgelenke, Arme und Schultern werden gekräftigt. Sie beugt Sehnenentzündungen und ähnlichem vor und erhöht die Atemkapazität durch eine Dehnung des Brustkorbs.

Geh mit leicht geöffneten Knien in die Hocke und stell dich auf die Zehenspitzen. Die Arme zwischen den Schenkeln leicht nach vorne, die Handflächen liegen – mit gespreizten Fingern nach vorn zeigend wie bei einem Vogel – auf dem Boden. Lehn nun den Oberkörper nach vorn, bis das ganze Gewicht deines Körpers auf den Armen ruht. Nun heb die Füße vom Boden und führe die großen Zehen zueinander, so daß Knie und Zehen ein Dreieck bilden. Heb den Kopf und fixiere einen Punkt ein bis zwei Meter vor dir auf dem Boden. Halte diese Asana drei bis vier tiefe Atemzüge lang, dann kehr langsam mit den Füßen zum Boden zurück in die Ausgangsstellung (siehe farbige Abbildungen).

Pfau (Mayurasana)

Diese Übung überwindet schnell alle Leiden, beseitigt Unterleibsbeschwerden und all das, was von Unregelmäßigkeiten von Schleim, Galle, und Wind[1] herrührt.

1 Wind, Galle und Schleim (vayu, pitta und kapha) sorgen nach der Tridosa-Lehre des Ayurveda für die Erhaltung der körperlichen Gesundheit. Ist das Gleichgewicht zwischen diesen drei Kräften gestört, entsteht Krankheit.

Sie verdaut im Übermaß genossene unbekömmliche Nahrung, regt den Appetit an und vernichtet die tödlichsten Gifte.[1]

Zunächst ist es bestimmt einfacher, im Knien zu beginnen. Wenn du jedoch etwas sicherer bist, solltest du aus der Hocke beginnen, wie bei der Krähe.

Knie dich hin, setzt die Hände etwa zwei Handbreit vor den Knien auf den Boden. Die Finger sind wieder gespreizt und zeigen – anders als bei der Krähe – nach hinten, den Knien zu. Beug nun die Arme leicht angewinkelt, bis sich die Ellbogen berühren. Setz deinen Nabel auf die Ellbogen auf und beug den Oberkörper nach vorn, balanciere den Körper aus und heb die gestreckten Beine vom Boden, bis das gesamte Gewicht deines Körpers auf den Händen ruht. Heb nun den Kopf, und versuch, eine möglichst gerade Linie parallel zum Boden zu bilden. Halte die Stellung möglichst lange aus, dann komm langsam mit den Zehen zum Boden zurück.

Die klassische Form der Übung ist etwas ästhetischer, allerdings ist sie zu Beginn auch etwas schwerer. In der Endstellung sind die beiden Variationen absolut identisch und auch die Wirkungen der Asanas unterscheiden sich kaum. Etwas mehr an Konzentration, etwas mehr »Beinarbeit«, das ist alles. Der klassische Ablauf zerfällt in fünf Bewegungen:

1. Setz dich in der Hocke auf die Zehenspitzen.

1 Hatha Yoga Pradipika I/33

2. Spreiz die Finger auf dem Boden und schließ die Ellbogen.

3. Beug nun den Oberkörper nach vorn, und preß den Nabel gegen die geschlossenen Ellbogen.

4. Heb die Füße vom Boden, die Knie sind hierbei gegrätscht, die großen Zehen berühren sich.

5. Nun streck die Beine. Verharre in dieser Stellung und kehr langsam mit den Zehen zum Boden zurück.

Auch in der Endphase sind Variationen möglich, doch haben sie eher »artistische« Bedeutung. So bringt man zum Beispiel das Kinn zu Boden und streckt die Beine nach oben. Die besten Wirkungen allerdings erzielst du sicher mit der klassischen Form von Mayurasana.
Auch wenn man der reichlich euphorischen Wirkungsbeschreibung der Hatha Yoga Pradipika mißtraut, so ist doch sicher, daß diese Übung eine Reihe positiver Auswirkungen hat. Durch den Druck auf den Unterleib werden die inneren Organe – vor allem Milz und Bauchspeicheldrüse – massiert und angeregt; Rücken- und Bauchmuskulatur werden ebenso gekräftigt wie die Handgelenke und die Armmuskeln. Der Blutstrom zum Kopf wird verstärkt und die Konzentrationsfähigkeit verbessert.

Hahn (Kukutasana)

Diese Übung kannst du auch unmittelbar zwischen Pranayama und Meditation ausführen, wenn du sowieso schon in der Lotusposition sitzt.

Skorpion (Vrischikasana)

Man sitzt bei dieser Übung zunächst im Lotussitz (Vgl. Kap. 6 – Beherrschung der Lebenskraft). Dann bringt man die Hände auf den Boden und stemmt sich mit aufrechtem Oberkörper vom Boden ab.

Diese Übung verbindet die Wirkungen des Lotussitzes mit denen der Gleichgewichtsstellungen: Die Konzentrationsfähigkeit wird erhöht, die Muskulatur des Oberkörpers, des Bauchraumes und der Arme gekräftigt.

Skorpion (Vrischikasana)

Dies ist wohl eine der etwas schwierigeren Gleichgewichtsübungen, und sie sollte – um unglückliche Stürze zu vermeiden – erst dann »in Angriff genommen« werden, wenn man den Kopfstand sicher beherrscht. Kraftanstrengungen und druckartiges »Hochschleudern« der Beine, um in die gewünschte Position zu kommen, sollten in jedem Fall vermieden werden. Alle Bewegungen dieser Asana erfolgen langsam, zeitlupenhaft. Nur so zieht man Nutzen aus dieser Übung.

Knie dich hin und leg die Handflächen über Kreuz auf den Boden, so daß sie mit den Ellbogen ein gleichseitiges Dreieck bilden. Setz den Kopf auf den Handrücken der obenliegenden rechten Hand und heb die angewinkelten Beine langsam nach oben. Bring die Beine über den Kopf und versuch, Brust und Füße möglichst nah zum Boden zu bringen, indem du die Hüfte von den Beinen weg nach hinten ziehst. Drück dich in den Schultern nach oben und entlaste den Kopf völlig. Sobald du spürst, daß der Kopf kein Gewicht mehr zu tragen hat, beug den Kopf nach oben, deinen Füßen zu. Bleib ein paar Atemzüge in dieser Stellung, bevor du in umgekehrter Reihenfolge zum Boden zurückkehrst.

Diese Asana verbindet die Wirkungen von Kopfstand, Handstand, Bogen und den vorherigen Gleichgewichtsübungen. Die Wirbelsäule wird geschmeidiger, Rükken- und Bauchmuskulatur werden ebenso gestärkt wie Schulter- und Armmuskeln. Die Durchblutung des Kopfes wird verbessert, die Konzentrationsfähigkeit gestärkt.

Zusammenfassung

Der Zyklus der Gleichgewichtsübungen ist eine Übungsreihe, die ganz bewußt den Geist mit in die Körperbewegung einbezieht. Sie erfordert volle Konzentration und fördert damit eine psychische Sammlung, weckt das Körperbewußtsein und ist eine ideale Einstimmung auf anschließende Meditationsübungen.

Kopfstandzyklus

Kopfstand (Shirshasana)

Wohl keine andere Übung gilt so sehr – selbst bei uns im Westen – als Ausdruck des Yoga, wie der Kopfstand. Abhandlungen über diese Übung, Philosophien und Theorien sind ebenso Legion wie die unterschiedlichen Varianten der Ausübung. Es gibt wirklich kaum einen Teil des menschlichen Organismus, auf den diese Übung nicht positiv wirkt:

1. Das Knochengerüst wird gekräftigt, insbesondere natürlich die Wirbelsäule.

2. Die Blutzirkulation wird angeregt, vor allem auch in den Extremitäten und den inneren Organen, was sich positiv auf eine Reihe von Erkrankungen – von Krampfadern über Hämorrhoiden und Prostataleiden bis hin zu Herzschwächen und Migräne – auswirkt.

3. Der obere Teil der Lunge wird durch die umgekehrte Haltung gereinigt und besser mit Sauerstoff versorgt, weshalb diese Asana in Indien als unfehlbares Mittel zur Vorbeugung der Tuberkulose eingesetzt wird.

4. Auch das Gehirn wird in dieser Stellung verstärkt durchblutet und mit Sauerstoff versorgt, was eine Verbesserung des Gedächtnisses und der Konzentrationsfähigkeit bewirkt. Hypophyse und Schilddrüse werden in ihrer Funktion normalisiert und damit die Tätigkeit aller innersekretorischen Drüsen.

5. Die Organe der Wahrnehmung werden durch diese Übung gereinigt und geschärft …

In der Hatha Yoga Pradipika wird der Kopfstand nicht als Asana bezeichnet, sondern als Mudra, als eines jener besonderen Siegel des Hatha Yoga, die dazu dienen, die mystische Schlangenkraft an der Wurzel der Wirbelsäule, die KUNDALINI, zu erwecken. Die Hatha Yoga Pradipika schreibt hierzu:

> Wer dies täglich, wenn auch nur für zwei
> Stunden ausführt, besiegt den Tod.[1]

Dhirendra Brahmachari schreibt über diese Übung:

---

1 Hatha Yoga Pradipika III/81

»Wie der Löwe der König der Tiere ist, so ist die Kopfübung Shirshasana die Königin der Yoga-Übungen. Es gibt keine Krankheit, die mit ihrer Hilfe nicht geheilt werden könnte. Jeder durch die vielen Asanas gewonnene Nutzen kann allein durch diese Übung erzielt werden ...«[1]

Um sich der vielfältigen Vorzüge bewußt zu werden, braucht es jedoch nicht vieler Worte, es braucht nur etwas Übung, denn: »Eine Unze Praxis ist besser als eine Tonne Theorie.«[2]

Knie dich hin, bilde mit den Unterarmen einen 60°-Winkel auf dem Boden und verschränke die Finger. Bette den Kopf in diese Schale der Hände. Heb die Hüften, während du die Beine streckst. Führe die Füße etwas zum Körper und winkle die Knie an. Nun heb die angewinkelten Knie über den Rumpf und strecke den Rükken. Streck die Beine nach oben und entspann dich völlig in dieser Lage, sobald du das vollkommene Gleichgewicht gefunden hast.

Diese Übung sollte zu Beginn nur relativ kurz ausgeführt werden. Auf keinen Fall sollte man sich gegen eine Wand oder ähnliches lehnen, um die Asana länger einnehmen zu können. Unser Körper signalisiert uns am besten, wann es genug ist. Mit fortschreitender Praxis kann man die Dauer der Asana beliebig lange ausdehnen. Wenn du völlig zur Ruhe gekommen bist, kannst du ein paar dynamische Teile anfügen:

---

1 Dhirendra Brahmachari, Yoga hilft heilen, Freiburg 1983
2 Swami Shivananda

Kopfstand (Shirshasana)

1. Grätsch die Beine und führ sie wieder zusammen, als wolltest du klatschen.

2. Beweg das eine Bein nach hinten und gleichzeitig das andere nach vorn.

3. Winde nun das rechte Bein um das linke, bis es wie ein gedrehtes Hanfseil aussieht und führ dann dasselbe in entgegengesetzter Richtung aus.

4. Versuche, abwechselnd mit jeweils einem Bein den Boden vor dem Kopf zu berühren.

5. Beug abwechselnd das rechte und das linke Bein hinter dem Rücken soweit wie möglich dem Boden zu.

6. Schlage mit den Fersen abwechselnd gegen das Gesäß.

7. Schlage nun gleichzeitig mit dem abgewinkelten rechten Knie gegen die Brust, mit der Ferse des linken Fußes gegen das Gesäß und umgekehrt.

8. Ahme mit den Fußsohlen die ANJALI MUDRA nach, indem du die Fußsohlen zusammenführst, und bewege die Füße mit einer pumpenden Bewegung dem Gesäß zu.

Die drei letzten Übungen bezeichnen wir auch als Kundalini Shakti Vikasaka, die Erweckung der Kundalini, der mystischen Schlange an der Wurzel der Wirbelsäule. Die Hatha Yoga Pradipika schreibt dazu:

SASHAILA VANA DHATRNAM, YATH ADHARO HI NAYAKAH

SARVESAM YOGA TANTRANAM, TATH ADHARO HI KUNDALINI.[1]

Vedantanand murmelt den Vers aus der Hatha Yoga Pradipika in diesem gesungenen Sanskrit und unterstreicht die einzelnen Worte mit den Händen.

SARVESAM YOGA TANTRANAM
TATH ADHARO HI KUNDALINI

Wie der Herrscher der Schlangen das Fundament der Erde bildet, mit all ihren Bergen und Wäldern, so gründen sich alle Yogaübungen auf die Kundalini.[2]
Und weiter:
Der Yogi, dem es gelang, die Kundalini zu bewegen, hat den Erfolg verdient. Es ist unnütz, mehr zu sagen. Es genügt zu sagen, daß er den Tod spielend überwindet.[3]

Wir wecken die Schlange mit unseren Übungen. Und wenn die Nadis rein sind, steigt diese ungeheure Energie, die die Alten als Kundalini Shakti bezeichnet haben, höher und höher und aktiviert dabei die einzelnen CHAKREN, und wenn sie SAHASRARA erreicht, das Scheitelzentrum, bist du frei. Nichts kann dich mehr binden, weder Krankheit noch Tod, du bist frei.

Hand-Fuß-Stellung (Pada Hastasana)

Kehr nun langsam zum Boden zurück – zumindest mit dem Körper. Bring die Beine zur Erde, setz die rechte Faust mit gestrecktem Daumen auf die linke und leg den Kopf oberhalb der Nasenwurzel auf den Daumen, laß

1 Hatha Yoga Pradipika III/1
2 Hatha Yoga Pradipika III/1
3 Hatha Yoga Pradipika III/113

den Rücken durchhängen, um die Nackenwirbelsäule zu entspannen. Dann steh auf, streck dich so hoch du kannst, die Arme weit oben hinter dem Kopf, dann beug den Rumpf, bis die Stirn die Schenkel berührt und die Hände hinter den Füßen auf der Erde ruhen. Dies ist PADA HASTASANA, die Hand-Fuß-Stellung.

Baum (Virkshasana)

Jetzt richte dich auf, winkle das linke Bein ab wie im halben Lotus. Leg die Handflächen aneinander und streck die Hände so weit wie möglich über den Kopf. Führ sie zurück zur Brust und beende diesen Asanazyklus mit der ANJALI MUDRA, der Geste der Begrüßung und Verehrung.

Zusammenfassung

Gerade der Kopfstand hat es verdient, im Westen zum Inbegriff des Yogas gemacht worden zu sein. Auch in Indien wird diese Position als die Königin der Yoga-Übungen bezeichnet. Die Wirkungen, die dem Kopfstand zugeschrieben werden, sind äußerst vielfältig und reichen von der Entlastung und Kräftigung der Wirbelsäule, der Reinigung der Lunge über die Durchblutungsförderung des Gehirns, die Steigerung der Denk- und Konzentrationsfähigkeit bis zur Regulation des Hormonhaushaltes. Ein wahrhaft »königliches« Wirkungsspektrum wird hier abgedeckt.

Hand-Fuß-Stellung (Pada Hastasana)

Baum (Virkshasana)

5 Hillstation

So verschwimmen die Tage, treiben im gleichförmigen Rhythmus der Ganga. Meditationen und Spaziergänge im nahen Dschungel, Wanderungen in eines der kleinen Dörfer, die Morgen- und Abendstunden mit »meinem« Swami. Alles ist vertraut und beinahe lähmend mit diesem zustimmenden Wohlwollen von allen Seiten.

Vielleicht hat mich auch nur mein unruhiges westliches Blut getrieben. Jedenfalls beschließe ich, ein paar Tage »freizunehmen« und in Kipplings Indien einzutauchen, das Indien der Hillstations und Malls, anglikanischer Kirchen und Hotelbars mit Drinks und Pianomusik – sein Indien.

Am Morgen, als die Frühnebel sich langsam über der Ganga heben und die Gläubigen in die vielen Tempel entlang des Ufers strömen, gehe ich im weichen Ufersand Richtung Rishikesh. Vorbei an den unzähligen Ashrams und Ghats, Muni-Ki-Reti hinter mir lassend, kleine Bäche überquerend, vorbei an den letzten Häusern und dem Tor vor dem Standplatz der Tongas. Ein Stück offene Uferwiese, Schwemmland, felsbrockenübersät. Eine Brücke und dann die ersten Anzeichen von Rishikesh: das Hupen der Taxis, Busse und Riksha-Wal-

las, Obstverkäufer und das Hämmern der Schmiede, Benzingestank.
Ich gehe zur Busstation: schlammiges Geviert, von bröckelnden Mauern umgeben, Betelverkäufer und Wartende, Bettrollen und Kisten von buntbemalten klapprigen Bussen. Manche quellen über von Fahrgästen und Gepäck, andere scheinen seltsam verlassen in all der Hektik eines indischen Bahnhofs.
»Muje Dehra Dun djaunga!«[1] Ein Kopfnicken, roter Betelsaft auf morastigem Weg, eine lässige Handbewegung. »Dusra bus djalo!«[2]
Ein beinahe aus den Schweißnähten platzendes Vehikel. Zwei Fahrer, mit sich selbst beschäftigt. Endlich blicken sie auf. Ob ich ein Ticket hätte. – Nein? Zum Schalter.
Gelangweilt stochert der Schalterbeamte mit einem Stock in den Zähnen, ein gelangweiltes »Kaha djaienge?«[3]
Nach einigem Suchen und vielem Reden und Lachen mit den Umstehenden endlich mein Ticket. »Namasté! – Namaskar!«
Dann gehe ich zurück zum Bus. Er ist noch voller geworden – falls dies überhaupt möglich ist. Doch gutmütig lachend hilft man dem Ferenghi ins Innere. Gepäck habe ich Gott sei Dank so gut wie keines, und so stört es mich nicht, aufzugehen in dieser schwatzenden, kauenden Menge Mensch.

Kaum haben wir die letzten Ausläufer des Ortes hinter uns, beginnt auch schon der Dschungel. Immer höher windet sich das löchrige Band der Straße. Affen in den

---

1 Ich möchte nach Dehra Dun!
2 Gehen Sie zum nächsten Bus!
3 Wohin?

Bäumen und zu Dutzenden am Straßenrand. Hulmans, glänzendes Fell und wache Augen, nicht die räudige Spezies der Stadt, die sich keifend mit den Bettlern um Essensreste streitet. Neugierig verfolgen sie den Bus. Etwas höher dann Haschischfelder, Charras, vereinzelte Hütten, Reisfelder und Zuckerrohr. Wasserbüffel und Kühe. Scharen von kleinen weißen Kuhreihern, nach Würmern suchend in frischem Kot. Ab und zu ein Dorf voller Dreck, Abfall und Lärm.

Höher und immer höher, Stunde um Stunde. Und dann: Dehra Dun! Eine einzige Abraumhalde. Schrott an allen Ecken und Enden. Alte Autos, Kehrrichthaufen und der knöcheltiefe Morast des Monsun.

Nirgends wird der Zerfall dieses märchenhaften Indien deutlicher als in solchen Städten, Häuser, noch nicht einmal fertiggestellt, warten schon auf den unausweichlichen Zerfall. Aus irgendwelchen unerforschlichen Gründen kümmert sich kein Mensch darum. Es fehlt der Wille, etwas zu tun, und so versinkt dieses Land buchstäblich in Abfall und Dreck. Nichts und niemand scheint in der Lage, diesen Zerfall zu stoppen, und nur einzelne Menschen ragen lotusgleich wie Vedantanand aus diesem Sumpf.

Möglichst schnell versuche ich, diese Ansammlung aller

Übel der Dritten Welt hinter mir zu lassen und nehme eine – viel zu teure – Riksha nach Rajjpur. Dort soll ein kleines tibetisches Kloster sein, wie mir einer der Swamis im Parmarth Niketan erzählt hat. Nach einigem Nachfragen findet mein Riksha-Walla das Kloster, aber dann verlassen mich wieder einmal alle Reiseführer und guten Ratschläge.
Wo es ein Kloster gibt – noch dazu das des Oberhauptes der tibetischen Rotmützen – muß auch ein Dorf in der Nähe sein. Doch der Riksha-Walla weiß nichts davon. Also frage ich einen der Mönche und der beschreibt mir den Weg. Das hat allerdings einen Nachteil: Er kann weder Hindi noch Englisch und zeigt vage nach Westen, hebt zwei Finger.

»Zwei Kilometer?«
Er lächelt bedauernd, zeigt immer wieder in dieselbe Richtung, verneigt sich höflich. Und so folge ich seinem Fingerzeig, lasse das Kloster hinter mir und stehe plötzlich vor der kleinen Villa Sr. Heiligkeit Sakya Trizin, des Oberhauptes der exiltibetischen Nyingmapas, der Rotmützensekte, der »Schule der Alten«, dieser Meister magischer Praktiken. Ein Hund knurrt wütend und zerrt an seiner Kette, bis ein Mönch erscheint – Purpur und Ocker, die Gebetskette in der Hand – und ihn beruhigt. Nein, der Lama sei zur Zeit nicht anwesend. Das Dorf? – Sicher, nur ein paar Kilometer diesen Weg entlang. Diese Antwort werde ich noch öfter hören, in Hindi oder englischen Brocken, mit Gesten und freundlichem Kopfschütteln. Aber eines haben sie alle gemeinsam: Sie stimmen nicht!
Immer wieder führt mich mein Weg etwas abseits der ausgetretenen Touristenpfade; nur ein paar Kilometer oft – doch es lohnt sich. Und auch diesmal bin ich

schon nach wenigen Kilometern right in the middle of nowhere. Bergiges Land. Felsbrocken und niedriges Gestrüpp. Ein Bach unten im Tal. Hin und wieder ausgemergelte Rinder, Wasserbüffel.
Einsame Hirten im Windschatten eines Felsen, zusammengekauert unter löchrigen Schirmen.
Der Weg führt mich ins Tal, überquert den Bach und verliert sich auf der anderen Seite wieder im Unterholz der Hügel. Längst bin ich naß bis auf die Haut, durchweicht von dem ständigen Nieselregen aus grauverhangenem herbstlichem Himmel. Schon längst spüre ich den Hunger nicht mehr, habe nur noch einen Wunsch: anzukommen, endlich anzukommen – egal wo.
Auf einem Hügel in der Ferne steht ein tibetischer Bau, Gebetsfahnen, ein Kloster. Doch es dauert noch ziemlich lange, bis ich beim Näherkommen bemerke, daß mir bisher ein paar Felsen die Sicht versperrt haben. Und da liegt es, unterhalb des Tempels, das Dorf: Freundlich und sauber. Grasschneidende Frauen, Strickerinnen. Eine kleine Schule. Die Häuser gepflegt trotz der offensichtlichen Armut. Männer, die die Fresken des kleinen Tempels restaurieren.
Immer wieder begegnet man diesem krassen Unterschied zwischen Hindus und Buddhisten, am stärksten jedoch bei den Tibetern: Alles arbeitet, es gibt keine Bettler, keine aufdringlichen Händler. Scheue Kinder, die nur von weitem schauen, lächelnde Gesichter – und keine Spur vom sonst üblichen Abfall und Dreck.
Ich suche nach einem Gasthaus, irgendeiner Bude, an der ich mir etwas zu essen kaufen kann. Doch so etwas gibt es hier nicht. Auch keinen Laden. Einer der Tibeter spricht ein wenig Hindi.
»Dehra Dun djaunga!«[1] sagte er, »Tibetan market. Main road.«

---

1 Nach Dehra Dun gehen!

Ein Bus soll auf der anderen Seite des Dorfes abfahren.
Endloses Warten. Zur Abwechslung in glühender Hitze, nachdem sich die grauen Wolken des Monsun in die Deodarwälder der Höhe zurückgezogen haben. Dann endlich: Public Carrier. Nicht einmal mehr Schrott und überfüllt. »Two rupies!«
Ein junger Inder spricht mich an, rückt noch enger zu seinem Nebenmann und bietet mir eine Ecke der zerschlissenen Sitzbank an. Auch das kleinste Eckchen Sitzplatz tut gut nach diesem Marsch.
Woher ich komme, was mich nach Indien geführt habe? Er spricht fließend Englisch. Er studiert in Dehra Dun. »But Dehra Dun ist an ugly city!« Leider muß ich ihm zustimmen. »They try to build small Delhis all over this country, but they're just bringin' the mud of this city!« Er rät mir weiterzufahren, nach Musoorie, Almora, irgendwohin. Bloß raus aus dieser Stadt!
Als wir endlich in Dehra Dun ankommen, ist es längst Nacht. Überall brennen die Kerosinlampen. Vereinzelt elektrisches Licht. Der Tibetan Market: Sonnenbrillen und Turnschuhe, Jeans. Nichts Tibetisches. Auch nichts zu essen! Doch die Tibeter sind sehr freundlich, die Freundlichkeit selbst. Dies ist die Religion der Zukunft! Den anderen zu schätzen, jeden anderen zu schätzen, denn jeder ist ein kommender Buddha! Und so werde ich »weitergereicht«, vom einen zum andern, bis endlich einer Hindi spricht, sogar etwas Englisch!
Ich solle nach »Kali Main Town«, rät er mir. Da gäbe es eine tibetische Exklave. Und er bringt mich zur Busstation, feilscht mit einem Riksha Walla, als sich herausstellt, daß kein Bus mehr fährt, und nimmt nichts dafür! Es bringt geistigen Gewinn, wenn man einem Fremden

hilft, irgendeinem Wesen hilft! Und so hat er Verdienst erworben – durch mich.

Kali Main Town! – Welch mystischer Name! – Die Hauptstadt Kalis, der Gemahlin Shivas, der göttlichen Mutter, der Zerstörerin der Unwissenheit, der Bezwingerin der Zeit! – Doch, von Verständigungsproblemen bereinigt, ist der Name viel prosaischer, ein Überbleibsel der englischen Sahibs: Clement Town.
Und wieder dasselbe Erlebnis: Der Unrat der Innenstadt – und ganz Dehra Dun scheint ein einziger Schrottplatz von Autowracks, zerlegten Rikshas und Reifen zu sein. Dann taucht eine Pariasiedlung mit ärmlichen Hütten, Zelten, in apokalyptischen Abraumhalten wühlenden Schweinen auf. Tibet! Inmitten von Abfall und Dreck eine Ahnung von sauberer Bergluft und frischem Gras und dem ewig stählernen nächtlichen Himmel.
Ich esse eine Kleinigkeit – irgendein Hammelgericht mit Getreide – dann gehe ich zum Tempel auf einem Hügel etwas oberhalb des Dorfes. Er ist verschlossen; doch eine alte Frau – zahnlos, mit langen Zöpfen, in tibetischer Tracht – kommt aus einem der tieferliegenden Häuser, umrundet mit mir den Tempel, die Gebetsmühlen drehend, so daß unsere Fürbitten den Kosmos durchdringen, etwas »in Gang setzen« zum Wohl aller Wesen. Dann zerrt sie einen riesigen Schlüssel unter ihrer geschnürten Weste hervor und öffnet die Tür zum Tempel.
Der schwache Schein der Butterlampen, eine mannshohe Gebetsmühle, Fresken und Statuen von Buddha und Avalokiteshvara und Padmasambhava und Tara und … das gesamte buddhistische Pantheon tritt mir entgegen mit friedlichen und zornigen Gottheiten, Dämonen

und Titanen, die doch in Wirklichkeit nur eins sind: Projektionen des eigenen Bewußtseins.
Als ich mich vor einer Statue Maitreyas auf den Boden setze, läßt mich die Alte allein. Der Ton der Glocke schwingt noch ein paarmal durch den Raum, angeschlagen von der sich immer langsamer drehenden Gebetsmühle, verliert sich, wird eins mit der Stille im Raum. Golden schimmern die Statuen, scharfer tibetischer Weihrauch brennt in einer der silbernen Schalen, die Figuren gewinnen Leben. Gebunden auf das Rad des Lebens, beherrscht von Gier, Unwissenheit und Haß, taumeln sie durch die sechs Welten, Träumende, verloren im eigenen Traum.

Mitternacht ist längst vorüber, und am Himmel steht ein bleicher Mond, als ich den Tempel verlasse, immer noch gefangen von den Bildern, die aus meinem Unterbewußtsein aufgestiegen sind und sich vermischt haben mit den Fresken an der Wand.
Ich gehe durch das schlafende Camp. Vereinzelte Lampen. Knarrende Gebetsfahnen im Wind. Vor dem Eingang zum Lager stehen ein paar armselige Fahrradrikshas mit zerschlissenen Sitzen und löchrigen Plastikdächern. Die Fahrer liegen zusammengekauert auf den Sitzen. Ausgemergelte Gestalten in grauen Unterhemden und schmutzigen Dhotis.
»Suniye!«[1] Einer der Schlafenden zuckt wie ein träumender Hund, schüttelt sich und erwacht hustend und spuckend. Er reibt die Augen und kratzt sich zwischen den Beinen. »Ha?«[2]
»Muje Dehra Dun djaunga!«[3] Er wischt mit einem Zipfel

1 Hören Sie!
2 Ja?
3 Ich möchte nach Dehra Dun fahren!

seines Dhoti über den schweißfeuchten Sitz, winkt mir einzusteigen und setzt sich auf sein Rad.
Die Nacht ist drückend, heiß und voll elektrisierender Schwüle. Der Wind hat sich gelegt. Kein Luftzug regt sich. Ausgestorben liegt das Land, in tödlicher Agonie erstarrt, in Erwartung des Regens. Es lohnt nicht mehr in eines der schmuddligen Hotels zu gehen, und so lasse ich mich zum Busbahnhof bringen. Vielleicht habe ich Glück und erwische einen frühen Bus nach Mussoorie. Aber: »No Bus to Mussoorie. Ten o'clock.« Das sind noch gute sechs Stunden. »But you can go by car. Not expensive!«
Auf der anderen Straßenseite stehen zwei Ambassador, die schon bessere Tage gesehen haben. Ein Fahrer unterbricht seine Morgentoilette, kommt eilig hinter einer halbzerborstenen Mauer hervor. »Mussoorie? — Very nice. Up the hills. Very nice place!«
Und so fahren wir in der anbrechenden Dämmerung Kilometer um Kilometer in Serpentinen höher und höher, an Erdrutschen vorbei, immer wieder haltend, um Wasser nachzufüllen, wenn der Motor kocht. Die ersten Zedern und Kiefern in undurchdringlichem Dunst. Unwirklich wie ein chinesisches Aquarell. Vereinzelte Häuser. Wir fahren durch die Wolken, bis endlich der Himmel zu sehen ist — und Mussoorie.
Ohrenbetäubender Lärm, Videogames, Liquorshops und Wein, Nonvegetarian Food, Kinos — ein einziger Vergnügungspark, nichts von der Ruhe einer kolonialen Sommerresidenz. Moneymaker schlimmster Art, Kitsch an allen Ecken und Enden. Doch der Ort ist herrlich gelegen: winklige Gassen, vereinzelte Häuser, die an den steilen Hängen der Kumaonberge kleben, verschwinden im Grün der Zedern und Föhren, im ewigen Dunstschleier des Monsun. Eine anglikanische Kirche, selt-

sam streng in ihren Formen, auch die Hotels, sehr westlich, gerade, ohne die sonst übliche überbordende, barocke Ornamentik.
Müde und zerschlagen nehme ich mir ein Zimmer, trinke ein Glas Whisky (!) und werfe mich auf die nicht allzu schmutzigen Laken und schlafe dem Abend entgegen im Rock Wood Hotel.
Der Lärm der indischen Kakophonie weckt mich: Schrille Musik aus scheppernden Lautsprechern, Trommeln, das Schreien der Verkäufer und Schlepper, das Dröhnen der Videos. Samstagabend in Mussoorie!
Ich dusche, ziehe mich an und wickele einen Schal um die Schultern. Kalter Nieselregen empfängt mich vor dem Hotel und auf Westen getrimmte Jugend. Jeans und weiße Hemden, Lederschuhe. Sonnenbrillen. Mädchen in Röcken und hochhackigen Schuhen. Überall flimmern Lichter, überall westlicher Tand. Pork sold here! Und das in Indien!
Ich finde ein kleines tibetisch-chinesisches Restaurant, nicht zu laut und nicht zu teuer, und wirke auch hier exotisch und fremd, denn ich bin indisch gekleidet.
Es wird ein seltsam »benommener Abend«. In der Ecke plärrt ein Fernsehgerät, Gäste und Kellner beäugeln mich neugierig, das Essen ist fad und zerkocht. Betrunkene hängen verkrümmt auf einer Bank, etwas, das ich lange nicht mehr gesehen habe.
Vor dem Restaurant im unaufhörlichen Regen: Dantes Inferno. Und noch mehr Lichter und noch mehr Lärm und noch mehr Video.
Ein kleiner Spaziergang stadtauswärts. Vorbei an der alten Kirche, deren Turm sich im zuckenden Schein der an- und ausgehenden Lichterketten bricht, unter den Deodars, die sich im herben Duft in die Nacht verströmen.
Nur die Riksha-Wallas betrachten mich als einen der ih-

ren, laden mich zu sich ein unter ihre löchrigen Plastikplanen. Die Kerosinlampen blaken, Fäkalien verlieren sich in den Rinnen am Wegrand. Und wir essen geröstete Mais und reden und trauern um ein Indien, das es nicht mehr gibt, vielleicht auch noch nie gegeben hat – außer in den Köpfen einiger wirklichkeitsfremder Träumer.

Und am nächsten Tag ... Sonntag in Mussoorie! Eine kleine Wanderung in die Berge. Früher Dunst. Hesse-Nebel. Altersgraue Mauern und die ersten Strahlen der Sonne. Surya Namskar!

Ein weinendes Kind. Krächzende Raben und – Kippling ist everywhere! Nistend im ewigen Grün der Deodars, sich verlierend im Dunst, in den Ritzen der ausgeblichenen Mauern. Lispeth und Kim und der Andere. Und Punch und die Tochter des Regiments und – die schönste Geschichte der Welt.

Als ich zurückkehre, ist die Mall wieder voller Menschen. Dichtgedrängte Massen wogen im Takt der Computerspiele, drängen sich vor den Läden. Ich esse eine Kleinigkeit und studiere den Reiseführer. Uttar Kashi! Nicht weit von hier! Kaum siebzig Kilometer – allerdings Luftlinie. Und in Uttar Kashi: Advaitananda, mein Lehrer aus früheren Tagen.

Ein Bus nach Uttar Kashi? Nicht heute, anderntags vielleicht. Aber ein Taxi ... Nun ja, bisher habe ich meine Reisekasse noch kaum belastet – das Leben in den Ashrams ist billig: nicht einmal eine Mark pro Tag – ein paar Früchte, etwas Milch ab und zu. Warum also sollte ich mir nicht einmal den Luxus gönnen, durch diese Bergwelt zu fahren, faul in die Polster eines Taxis gelehnt, ohne die Enge schwitzender Leiber, ohne Hektik

und Lärm, einfach versinkend im »Niemals-Mehr«, um anzuhalten, wann immer es mir gefällt.
Und so feilschen wir – anstandshalber – bevor ich einsteige, eingehüllt in eine Woge gegenseitigen Wohlwollens, gegenseitiger Zuneigung. Und dann fahre ich endlich wieder über diese holprigen Straßen Indiens, bergauf und bergab, Hügel umrundend, durch die regenverhangenen Ausläufer der Himalayas. Ich döse, ab und zu ein paar Worte mit dem Fahrer wechselnd, Uttar Kashi entgegen, dem Benares (Kashi) des Nordens (Uttar), mit all seinen Tempeln und Priestern und – Advaitananda! Durch Dörfer geht es zunächst, weitgehend unberührt von Indiens »Moderne« der T-Shirts und Jeans und Kofferradios. Nicht die Lehmhütten der Ebene, gedrungene Häuser aus aufeinandergeschichtetem unbehauenem Stein, tibetisch beinahe, mit herabgezogenem Dach, steingedeckt. Zedern und Kiefern, Wacholder und Rhododendren, manche haushoch. Bambus.
Ab und zu halten wir und trinken einen Çai in einer der Hütten, essen ein paar Phakoras, heiß, im Fett schwimmend gebacken, sehr würzig und scharf, mit Currysaucen und Pickles. Höher und immer höher, hinein in die Bergwälder, den Himalayas entgegen, der »Wohnstatt des Schnees«, dem Wohnsitz der Götter.
In sinkender Nacht kommen wir an: Uttar Kashi. Das übliche Gewirr der Drähte über den engen Gassen. Ein Hochzeitszelt. Das Gedudel der Musikanten, mißtönend und schrill im westlichen Ohr, nichts von der filigranen Klarheit und Ruhe eines Ravi Shankar. Trommeln und Flöte, heiserer Gesang. Bunte Glühlampen im Spinnweb der Drähte. American X-mas. Gesichtslose Masse Mensch, eigenschaftslos, austauschbar – auf den ersten Blick.

»Hotel djalo?«[1] Hupend stehen wir eingekeilt an einer Kreuzung: Rikshas, Taxis, Tongas. Umflutet von immer neuen Scharen: Händler, Bettler, Pilger. Schreiend, gestikulierend, drängend und stoßend.
»Ji nahi, Tourist Bungalow djaunga!«[2] Schrittweise und ständig hupend fahren wir durch die Gassen. Vorbei an Garküchen, Tempeln unter den ausladenden Kronen alter Pipals, Götterbildern, Schlafpritschen und der ständig pulsierenden, elektrisierenden indischen Nacht.
Am Stadtrand, direkt neben einem Armeecamp: Tourist Bungalow. Ein großer Hof, Tagetes und Hibiskus, ein paar ärmliche Rosen. Über allem hängt der Geruch von Kampfer und Kerosin und Kuhdung und ... Die Zimmer sind billig, etwas karg zwar – Holzpritschen, Beton, keine Zudecke – aber geräumig und sauber. »Bad« und »Toilette« wie aus einem Film aus der Zeit zwischen den Kriegen. Zement, Plumpsklo, ein Loch in der Zimmerdecke.
Ob er kurz zu mir ins Zimmer könne? »Kiyo nahi?«[3]
Mein Fahrer kommt herein mit einem Bündel Zeitungen unter dem Arm. Vielleicht will er sich waschen nach der langen Fahrt in der staubigen Hitze? Ich zeige ihm das »Bad«, und er nickt anerkennend mit dem Kopf. »Bohut sunder he!«[4]
Aber er will sich nicht waschen, auch nicht etwas auf einer der Holzpritschen ausruhen. Er setzt sich und entfaltet sein Zeitungsbündel: Whisky! »Whisky not allowed in U.K., forbidden. Come to jail!«
Heimlich trinken wir Whisky aus Wassergläsern. Ein paar andere Fahrer kommen. Verschwörerisches Klop-

1 Wollen Sie ins Hotel?
2 Nein danke, fahren Sie zum Tourist Bungalow!
3 Warum nicht?
4 Sehr schön!

fen, ein Blick durch die spaltbreit geöffnete Tür: indische Junkies.
Ich überlasse sie ihrem Rausch, gehe die Stufen hinab zum großen Speisesaal. Dicke Teppiche, Messinglampen, Götter. Aber das Essen! Nur klebriges Toastbrot, zerkochter Reis, ein Curry, nur nach Curcuma und Kumin schmeckend. Palak Panir: ein fader Brei aus Käse und Spinat. »Rehene dijie!«[1]

Ich wechsle in eines der mohammedanischen Restaurants der Altstadt. Die Nacht ist voller Hitze, selbst hier, am Fuß der Berge, ist kein kühler Hauch zu spüren. Vorbei an dem nächtlichen Ramtempel, Kampfer und der matte Schein der Gheelampen, Agarbathis und das gedämpfte Murmeln von Mantras, Gläubige auf dem Weg zur nächtlichen Puja. Verwinkelte Gassen. Ständiges Drängen. Dann das kleine Lokal. Der Patron sitzt auf seinem Diwan am Eingang. Mütze und Wasserpfeife, kleine, wachsame Augen mit ständig huschendem Blick überschauen alles. Auch der kleine Kellner ist noch da, acht nun vielleicht oder neun, kaum gewachsen. Übermüdete Augen, ängstliches Huschen. – Kinderarbeit ist in Indien eigentlich verboten.
Doch das Essen ist wirklich gut: scharf gewürzter Hammel, Tandoories, Basmatireis und feingeschnittenes Gemüse. Dazu heißer Tee, mit Kardamon und Ingwer gewürzt.
Alle Rassen Indiens sitzen hier im fettigen rauchigen Dunst: Pilger aus Rajasthan und dem Süden, dunkelhäutige Drawiden, hochgewachsene Arier aus dem Norden, beturbante Sikhs und – keine Frauen! Moslem area!
Es ist schon spät, als ich zurückkehre. Der Fahrer schläft

1 Lassen Sie's!

auf dem Rücksitz seines Wagens – heaven in the backseat –, und im Zimmer hängt der schale Geruch von Rauch und billigem Fusel.
Früh am nächsten Morgen stehe ich auf. Der Fahrer liegt noch schnarchend in den Sitzen, als ich in den Hof trete. Ich lasse ihn schlafen, er weiß ja, daß ich einen Swami in den Bergen besuchen will. Durch die erwachende Stadt, vorbei am Armeecamp, kartenspielenden Soldaten, einem kleinen Nebenfluß der Ganga folgend. Auf asphaltierter Straße gehe ich zunächst, die außerhalb der Stadt in eine Schotterpiste übergeht, schmaler wird mit jedem Meter und sich schließlich als Fußweg im Bergwald verliert. Quellen entspringen jedem Fels. Alles ist saftig grün: Farne und Wacholder, mannshohes Gras, Rhododendren und Bambus, urwaldhafter Dschungel.
Nach ein bis zwei Stunden stetigen Steigens, halbversteckt im Grün des Waldes, erreiche ich eine kleine Lichtung und die Steinhütte Swami Advaitanandas. Unbehauene Steine aufeinandergeschichtet, Steindach, den alten Berghütten in den Alpen ähnelnd, sehr sauber, auch der kleine Garten. Und zwischen dem Grün immer wieder: Ausblicke in Täler, auf andere Hügelketten, Wald und Schnee in der Ferne.

6 Die Übungen
2. Teil – Pranayama,
Beherrschung der Lebenskraft

Die Zeit scheint stillzustehen, in diesem Teil der Welt – oder bei den Menschen hier. Vielleicht holen sie sich ja auch einen kleinen Teil der Ewigkeit schon in diesem Leben. Advaitananda hat es mir vor Jahren einmal so erklärt:
»Wenn du meditierst, dich in tiefem Samadhi befindest, verbrauchst du kaum Prana. Je vollkommener deine Meditation, desto weniger Prana wird verbraucht. Alle vegetativen Vorgänge im Körper kommen mehr und mehr zur Ruhe, hören teilweise ganz auf. NIRVIKALPA-SAMADHI, der todlose Tod. Während dieser Zeit, wenn alle Stoffwechselvorgänge zur Ruhe kommen, wird Prana gespeichert – du verlängerst dein Leben. Natürlich ist es eigentlich völlig unwichtig, wie lange du in diesem Körper lebst, aber du verschaffst dir etwas Zeit, Zeit, das Ziel schon in diesem Leben zu erreichen ...«

Jedenfalls sitzt er am selben Platz, an dem ich ihn vor Jahren verlassen habe, als sei er nie aufgestanden. Der Schüler fächelt ihm immer noch mit einem geflochtenen Palmblattfächer Luft zu, immer noch rezitiert ein Junge aus den Veden, immer noch kommen Besucher vom nahen Armeecamp, um sich vor ihm zu Boden zu werfen, seine Füße zu berühren.

Ewiges Indien! Die ewig gleichen Klänge seit Jahrtausenden, eingemeißelt in Fels und Gestein, im Rauschen der Blätter, im Wind, in den wogenden Wellen des Grases, wispernd im nahen Bambus, eins mit der Schöpfung und der Seele der Menschen. Auch ich verneige mich vor Ihm, der in jedem Menschen wohnt, berühre die Füße Advaitanandas mit den Fingerspitzen, dann die eigene Stirn: Pranam, Ehrfurcht vor Gott und den Menschen:

PRAJNANAM BRAHMAN
AYAM ATMAN BRAHMAN
AHAM BRAHMASMI
TAT TVAM ASI[1]

Er lächelt und schlägt mir leicht auf den Rücken, winkt mich auf den Platz neben sich, ein orangefarbenes Kissen vor blauer Wand. Ein Offizier vom nahen Camp dolmetscht. Woher ich käme? Wie lange ich schon in Indien sei? Advaitananda lachte oft, als ich ihm meine bisherigen Erlebnisse erzähle und sagt: »Schicksal? Zufälle? – Alles, was dir in diesem Leben widerfährt, basiert doch letztendlich auf einer von dir getroffenen Ent-

1 Bewußtsein ist Brahman
Dieses Selbst ist Brahman
Ich bin Brahman
Das bist Du

scheidung. Du hast dich entschieden, in dieses Leben hineingeboren zu werden und Du entscheidest, diese Welt wieder zu verlassen. Und alles, was dir in dieser Zeitspanne an scheinbar Zufälligem oder Schicksalhaftem widerfährt, gründet sich auf eine von dir getroffene Entscheidung. Unser Karma zeigt zwar in eine bestimmte Richtung, aber wir haben in jedem Augenblick unseres Lebens die Chance, uns völlig neu zu entscheiden.«
Immer mehr Menschen kommen und werfen sich vor ihm zu Boden, bringen Früchte und Blumen, Reis und Mehl.
»Wo wohnst du? – Im Tourist Bungalow? Gut! Das ist ja nicht allzuweit. Du siehst, daß es hier zur Zeit nicht gerade ruhig ist. Wir feiern bei Vollmond ein Yagya, zu dem wir ziemlich viele Gäste erwarten, und so sind die nächsten Tage hier etwas hektisch und beengt. Selbstverständlich kannst du auch hier wohnen, wenn dir der Trubel nicht zu viel wird.«
Einer der Schüler bringt das Essen: Milch und Früchte, die Diät für die drei Tage bis zum Vollmond als Vorbereitung auf die Begegnung mit dem Göttlichen. Danach zieht sich der Swami zurück, die Besucher gehen in den Garten, setzen oder legen sich in den Schatten der Bäume, schwatzen oder schlafen, und ich wandere durch den Wald, höher noch, dem Gipfel zu, auf dem Advaitananda – wenn man den Erzählungen seiner Anhänger glaubt – die Wintermonate in tiefem Samadhi verbracht hat, ohne Essen und Trinken, nur mit seinem Dhoti und einem leichten Schal bekleidet.
Als die Schatten länger werden, gehe ich zurück zum Ashram. Ein leichter Wind ist aufgekommen, und es wird rasch kühl hier in den Bergen der Götter. Mein neuer »Freund« wartet schon an der Steinmauer, die den

Garten umschließt, begleitet mich zu Advaitananda, um zu übersetzen, was ich nicht verstehe.
Nein, er selbst übe kein Yoga. Keine Zeit. Aber er besuche den Swami, beinahe täglich. Das genüge vollkommen: die Gegenwart eines wirklich Heiligen, eines Rishi. Und er erzählt mir dieselben Geschichten, die man quer durch Indien von den Anhängern der heiligen Männer über ihren Meister hört. Wunder über Wunder, doch leider nur selten nachprüfbar.
Ich habe ein paar Fragen an den Swami, denn immer noch sind mir die verschiedenen Pranayamas nicht ganz klar. Die Zeit in Deutschland und die Beschäftigung mit Büchern über Yoga haben die Verwirrung eher noch vergrößert: In den klassischen Schriften steht meiner Ansicht nach zu wenig Konkretes, und verschiedene Autoren verwenden die Begriffe teilweise völlig unterschiedlich, so daß es mir nicht gelungen ist, für mich eine klare Gliederung der unterschiedlichen Übungen zu erreichen.

»Ja, damit hast du nicht ganz unrecht. Doch überleg einmal, wie alt dieses System ist. Wieviele Lehrer, und mehr noch: wieviele Schüler! Da kann eine gewisse Verwirrung der Begriffe gar nicht ausbleiben. Ja, häufig wirst du vom gleichen Lehrer unterschiedliche Begriffe und Erklärungen hören – je nachdem, mit welchem Schüler er spricht. Vielleicht sage ich dir heute scheinbar etwas ganz anderes als vor Jahren – weil du dich verändert hast! Doch laß uns versuchen, deinen westlichen Verstand, deinen Durst nach Klarheit und exakten Begriffen zumindest etwas zu befriedigen!
Da sind zunächst einmal die Klassiker. Was sagt Patanjali, was die Hatha Yoga Pradipika über die Beherr-

schung der Lebenskraft? In den Yoga Sutras steht hierzu nur:

BAHYA ABHYANTARA STAMBHA VRTTIR DÉSA KALA SAMKHYABHIH PARIDRSTO DIRGHA SUKSMAH.

Die Regelung des Atems besteht aus den Vorgängen des Ausatmens, Einatmens und Anhaltens, und sie ist lang oder fein, wenn Ort und Dauer und Anzahl beobachtet werden.[1]

Das ist wirklich nicht sehr viel! Aber bedenke welche Funktion unsere Sutras haben! Sie sind keine Lehrbücher im westlichen Sinn. Sie sind viel eher Gedächtnisstützen, Erinnerungen für den, der die Materie schon beherrscht, der unter der persönlichen Anleitung eines Guru gelernt hat; dem, und nur dem sagen diese Sutren etwas.
Beobachte deinen Atem, das Ausatmen, Einatmen und die kurze Pause zwischen Ein- und Ausatmen, vor allem diesen Sekundenbruchteil zwischen Einatmen und Ausatmen, das Erfahren der Leere. Versuche die Quelle des Atems zu finden, und beobachte, wie er sich verändert. Das ist alles, was Patanjali lehrt. Auch ich habe dir diese Übung vor Jahren empfohlen. Doch sie ist gar nicht so leicht – gerade wegen ihrer Einfachheit.

Die Hatha Yoga Pradipika sagt da schon mehr. Achtundsiebzig Verse über die Beherrschung der Lebenskraft, über PRANA YAMA. Sie sagt:

Wenn die Atmung unruhig ist,
ist auch der Geist unruhig.

1 Yoga Sutras II/50

> Durch ›Zähmen‹ des Atems erlangt der Yogi die Stille des Geistes.[1]

Und weiter:

> Solange der Atem den Körper erfüllt, nennt man dies Leben. Der Tod tritt ein, wenn der Atem aufhört. Deshalb ist es notwendig, den Atem zu zähmen.[2]

Und dann beschreibt die Hatha Yoga Pradipika die Methoden, um den Atem zu zähmen, um die NADIS[3] zu reinigen, denn

> Wenn das gesamte System der Nadis, das voller Unreinheiten ist, gereinigt ist, ist der Yogi in der Lage, Prana zu kontrollieren.[4]

> Deshalb sollte Pranayama täglich mit geläutertem (satvika) Geist durchgeführt werden, um die Unreinheiten aus der Shushumna zu treiben.[5]

Um Pranayama richtig ausführen zu können, sollte unter Umständen zunächst der Körper mit speziellen Reinigungsübungen gereinigt werden, den sogenannten KRIYAS. Dann müssen die drei Verschlüsse, die BANDHAS geübt werden, die wir für fortgeschrittene Atemübungen benötigen.«

---

1 Hatha Yoga Pradipika II/2
2 Hatha Yoga Pradipika II/3
3 Vgl. hierzu: V. Christmann, Das Yoga-Buch – Philosophie und Praxis des Yoga
4 Hatha Yoga Pradipika II/5
5 Hatha Yoga Pradipika II/6

Reinigungsübungen (Kriyas)

Zu den Kriyas, den Reinigungsübungen, schreibt die Hatha Yoga Pradipika:

> Wenn zuviel Fett oder Schleim[1] im Körper ist, sollten zunächst die sechs Arten der Kriyas durchgeführt werden. Andere, die nicht daran leiden, müssen sie nicht üben.[2]

Und weiter:

> Diese sechs Arten von Tätigkeiten, die den Körper reinigen, sollten geheimgehalten werden. Sie schaffen außergewöhnliche Eigenschaften und werden voll Ernsthaftigkeit von den Besten der Yogis geübt.[3]

Einige dieser Übungen eignen sich – vor allem im Westen – wirklich nicht für eine tägliche Praxis, andere jedoch sollten fester Bestandteil jeder »Yogaroutine« werden. Diese sechs Reinigungsübungen oder Kriyas sind:

- Dhauti
- Basti
- Neti
- Trataka

1 Eine der drei »Dosas« der Ayur Veda, die die Körperfunktionen regulieren
2 Hatha Yoga Pradipika II/21
3 Hatha Yoga Pradipika II/23

- Nauli
- Kapala Bhati

NETI, TRATAKA, NAULI und KAPALA BHATI sollten in die tägliche Übungsreihe eingebaut werden; DHAUTI – zumindest in dieser Form – und Basti sollten nur in besonderen Fällen und unter Anleitung eines erfahrenen Lehrers geübt werden.[1]

Neti

Unter Neti verstehen wir die Reinigung der Nase und damit verbunden der Nebenhöhlen. Diese Übungen wirken ausgezeichnet gegen chronische Kopfschmerzen. Schlaflosigkeit, Erkältung und Nebenhöhlenentzündungen.

Dhirendra Brahmachari schreibt über diese Übung: »Der Intellekt wird angeregt, Haarausfall oder vorzeitiges Grauwerden läßt sich stoppen. Besonders wirkungsvoll ist die Übung gegen Vergeßlichkeit ... Die Augen bekommen neuen Glanz. Augenerkrankungen, wie Entzündungen, Nachtblindheit, verschwommene Sicht, Erkrankung der Ohren, beeinträchtigtes Hörvermögen ... Mit Hilfe dieser Übung lassen sich sämtliche Krankheiten der verschiedenen Organe, die oberhalb des Halses liegen, wirkungsvoll bekämpfen.«[2]

Und in der Hatha Yoga Pradipika steht zu dieser Übung: Neti reinigt die Gehirnzellen und verleiht göttliche

1 Vgl. hierzu: V. Christmann, Das Yoga-Buch – Philosophie und Praxis des Yoga
2 Dhirendra Brahmachari, Yoga hilft heilen, Freiburg 1983

Sicht. Es beseitigt bald alle Erkrankungen der Kopfregion.[1]

Neti sollte am besten unmittelbar vor den Atemübungen praktiziert werden, es kann aber auch – falls dies geeigneter erscheint – nach dem Duschen durchgeführt werden. Es gibt zwei Methoden, Neti auszuüben: Sutra Neti und Jala Neti.

Sutra Neti

Zu Sutra Neti benötigt man ein Stück mit Bienenwachs durchträngter Baumwollschnur von ca. 50 cm Länge. Diese schiebt man durch ein Nasenloch nach oben, bis es im Gaumen spürbar wird. Dann zieht man es mit Zeige- und Mittelfinger durch den Mund wieder heraus und wiederholt die Übung mit dem anderen Nasenloch.

Einige Yogis halten beide Schnurenden mit den Händen fest und ziehen die Schnur mehrmals hin und her. Dies sollte allerdings nur sehr behutsam geschehen, um Verletzungen auszuschließen. Auch eine Übung mit zwei Schnüren gleichzeitig durch beide Nasenlöcher ist möglich.

1 Hatha Yoga II/30

Jala Neti

Eine etwas einfachere – und auch hygienischere – Art des Neti ist Jala Neti. Hierzu benötigt man eine kleine Schnabeltasse und etwas lauwarmes, leicht gesalzenes Wasser. Dieses gießt man nun zunächst durch das linke Nasenloch und läßt es zum Mund wieder herausfließen, dann durch das rechte. Man wiederholt die Übung so lange, bis beide Nasenlöcher völlig frei sind. Das in der Nase verbleibende Wasser wird am Ende der Übung sanft aus jedem Nasenloch einzeln herausgeblasen.
Einige Yogis empfehlen auch, diese Übung mit warmer Kuhmilch oder leicht angewärmtem Ghee (geklärte Butter) durchzuführen.
Die Wirkungen dieser Übungen sind absolut identisch, so daß sich für die meisten »westlichen Yogis« aus vielerlei Gründen eher JALA NETI empfiehlt.

Nauli

Nauli wirkt in erster Linie auf den Unterleib, doch wird man nach etwas Übung merken, daß sie auch starke Auswirkungen auf Lunge und Brustkorb hat. Nauli bewirkt eine Massage der Eingeweide und der gesamten Organe der Bauchhöhle. Magen, Leber, Nieren, Bauchspeicheldrüse und Verdauungstrakt – sie alle werden durch diese Übung entgiftet und besser durchblutet. So ist es sicher nicht übertrieben, wenn Swami Shivananda über diese Übung sagt, daß sie in keinem System orientalischer oder westlicher Körpererziehung ihresgleichen finde.
Nauli sollte unbedingt mit leerem Magen geübt werden, also am besten morgens, im Anschluß an die eigentlichen Asanas. Da bei dieser Übung ein unwillkürlicher

Muskel bewegt wird, erfordert diese Übung einiges an Konzentration und Durchhaltevermögen. Eine Vorübung stellt AGNI SARA dar, die Kontraktion der Bauchdecke.

Agni Sara

Agni Sara Dhauti, dieser »Reinigungsprozeß durch das Feuer«, massiert den Unterleib, fördert die Verdauung und kräftigt das Bauchgewebe. Der gesamte Unterleib wird durch das »Feuer« der Verdauung geläutert und belebt. Diese Übung hat ähnliche Wirkungen wie DHAUTI und wird deshalb oft auch als AGNI SARA DHAUTI bezeichnet. Sie entspricht wohl eher dem »ästhetischen Empfinden« des Westens, erfordert weniger Zeit und Aufwand und ist daher auch für die tägliche Praxis geeignet.

Man stellt mit gebeugten Knie die Beine schrittweit auseinander, stützt die Hände auf die Oberschenkel auf und richtet den Blick zum Nabelzentrum. Nun atmet man aus und zieht dabei den Bauch möglichst weit nach innen und oben. Dann bewegt man mit angehaltenem Atem die Bauchdecke rhythmisch 15 – 20mal schnell und stoßweise nach außen und innen. Dann atmet man wieder langsam ein, dann aus und wiederholt die Übung mehrmals.

Hat man etwas Übung in Agni Sara, kann man beginnen, Nauli einzuüben. Agni Sara kann selbstverständlich, auch wenn man Nauli in sein Übungsprogramm eingebaut hat, beibehalten werden, falls genügend Zeit vorhanden ist.

Nauli

Nauli ist sicher eine der wichtigsten Kriyas – vor allem auch für den Westen mit seinem Überangebot an Nahrung und damit leider oft auch verbundenen Nahrungsgiften in Form von Konservierungsstoffen, Geschmacksverstärkern, Farbstoffen usw. Diese Übung stellt auch ein gutes Beispiel dafür dar, wie es einem Yogi gelingt, selbst unwillkürliche Muskeln zu aktivieren und zu beeinflussen.

Bei dieser Übung läßt man den mittleren Bauchmuskel »kreisen«. Zunächst versucht man hierzu, den mittleren Bauchmuskel zu isolieren. Man steht – wie bei Agni Sara – mit leicht gegrätschten Beinen, atmet aus und zieht die Flanken nach innen, bis der mittlere Bauchmuskel sich wie ein senkrechter Strang in der Bauchmitte erhebt. Dies gelingt sicher den wenigsten schon beim ersten Mal! Aber mit etwas Übung und Durchhaltevermögen wird es gelingen! – Wenn der Bauchmuskel als deutlicher Strang erkennbar wird, ist das Schwierigste gemeistert. Nun versucht man, den Muskel nach links und nach rechts zu bewegen. Mit der Zeit entsteht hieraus eine fließende, wellenförmige Bewegung, die alle Organe des Bauchraumes massiert und belebt, Blockierungen beseitigt und so Prana verstärkt fließen läßt.

Kapala Bhati

Wenn Einatmung und Ausatmung sehr schnell ausgeführt werden wie beim Blasebalg eines Schmiedes, so werden alle Störungen, die durch ein Zuviel an Schleim hervorgerufen werden, beseitigt. Man nennt dies Kapala Bhati.[1]

Kapala Bhati heißt »Scheinender Schädel«; und tatsächlich werden durch die vermehrte Sauerstoffaufnahme bei dieser Übung Gehirn und Geist gereinigt und klar, leuchtend. Obwohl Kapala Bhati zu den klassischen Reinigungsübungen, den Kriyas, gehört, ist sie doch gleichzeitig fester Bestandteil des Pranayama und sollte stets als erste Übung in jedem Zyklus der Atemübungen ausgeführt werden.

Man atmet bei dieser Übung deutlich hörbar stoßweise durch die weitgeöffneten Nasenöffnungen 60 bis 80mal aus und ein. Danach atmet man tief aus, wendet JALANDHARA BANDHA, MULA BANDHA und UDIJANA BANDHA (vgl. Drei Verschlüsse) gleichzeitig an, während man sich auf die Stelle zwischen den Augenbrauen (Stirnzentrum) konzentriert und die alles durchdringende Stille und Leere fühlt.
Dann löst man die Drei Verschlüsse wieder und atmet zwei- bis dreimal langsam und tief ein und aus und wiederholt die Übung drei- bis fünfmal.

Neben der vermehrten Sauerstoffaufnahme und der damit verbundenen »Verbrennung von Schadstoffen« belebt diese Übung durch eine Zwerchfellmassage die in-

1 Hatha Yoga Pradipika II/35

neren Organe, vor allem Herz, Magen und Leber. Sie reinigt den Atmungsapparat, vor allem die Lungenspitzen und beugt dadurch einer Vielzahl von Krankheiten vor. Sie wird in klassischen indischen Heilsystemen selbst zur Heilung von Tuberkulose eingesetzt, da sich die sauerstoffempfindlichen Tuberkelbazillen vor allem in den meist schlecht durchlüfteten Lungenspitzen einnisten. Auch asthmatische Beschwerden können gelindert werden. Hauptzweck der Übung ist jedoch der vermehrte Strom von PRANA in der SHUSHUMNA.

Trataka

»Man sitzt ganz ruhig und starrt unverwandt auf einen kleinen Punkt, bis sich die Augen mit Tränen füllen. Dies wird von den großen Lehrern Trataka genannt.

Trataka besiegt Augenkrankheiten und beseitigt Trägheit.«[1]

Trataka wird meist als Konzentrationsübung (Pratyahara/Dharana), als Übergang zwischen Atemübungen und Meditation, als Voraussetzung für die eigentliche Versenkung geübt. So erscheint diese Übung auch im 4. Teil der Hatha Yoga Pradipika als eine der Möglichkeiten zur Erreichung des Absoluten.
Es gibt verschiedene Möglichkeiten, Trataka auszuführen, die jedoch eines gemeinsam haben: das unverwandte Starren auf irgendein Objekt, ohne zu blinzeln, bis die Augen tränen.

1 Hatha Yoga Pradipika II/31,32

Die einfachste und gebräuchlichste Art ist das Starren auf eine Kerze. Hierzu stellt man eine Kerze in etwa einem Meter Abstand in Augenhöhe auf und starrt unbewegt in die Flamme, bis die Augen tränen. Dann schließt man die Augen, und der Gegenstand erscheint als Abbild (eidetisches Phänomen) vor dem geistigen Auge. Weitere Möglichkeiten des Trataka sind das Starren auf

- ein gemaltes Diagramm (Yantra)
- das Abbild eines Energiezentrums (Chakra)
- die Darstellung eines Lautes (Mantra)
- das Bild einer Gottheit
- den Punkt zwischen den Augenbrauen (Drittes Auge)

Man sollte bei all diesen Übungen versuchen, die Aufmerksamkeit voll auf den entsprechenden Gegenstand zu richten. Gedanken, die sich in die Konzentration einschleichen, werden dadurch beseitigt, daß man die Aufmerksamkeit wieder ohne Anstrengung auf den gewählten Punkt richtet, bis das gewählte Objekt das eigene Wesen völlig ausfüllt. Dhirendra Brahmachari sagt über diesen Zustand:

»Wenn Lebenskraft und Geist gänzlich in dem Yogi aufgehen, der in der Trataka-Übung versunken sitzt und seinen Blick unverwandt auf den wie einen Stern leuchtenden Punkt richtet, dann wird dieser Zustand das hohe ›Sambhavi-Stadium‹ genannt ... In diesem Zustand erzeugt die vollkommene Stille einen Zustand, in dem jedes Leid vergeht.«

Diese Übung beseitigt Sehfehler, beruhigt den Geist und erhöht die Konzentrationsfähigkeit. Für Trataka besonders geeignete Symbole sind

- die Darstellung der Chakras
- der Knoten des unendlichen Lebens
- das Om-Zeichen
- Shri-Yantra und Kali-Yantra
- Mandalas

Auch die tibetischen Rollbilder (Thangka) und die Abbilder tibetisch-indischer Blockdrucke in diesem Buch dienen häufig diesem Zweck.

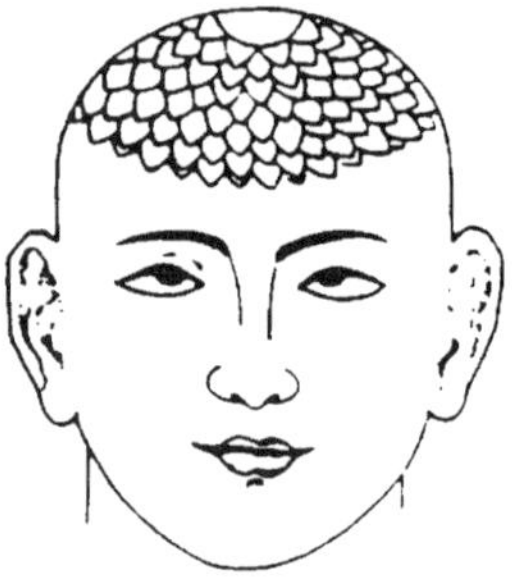

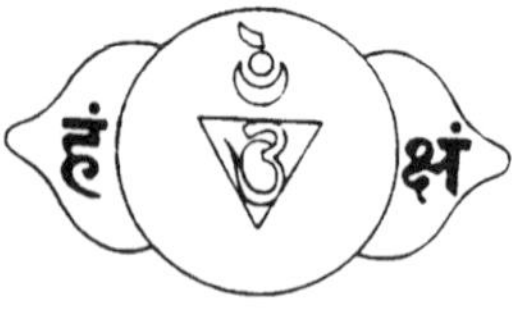

Der Knoten des unendlichen Lebens (Eine der »acht Kostbarkeiten« [Ashtamangala] des Buddhismus; auch als hinduistisches glückverheißendes Zeichen gebräuchlich)

Shri-Yantra (Mystisches Symbol für Shiva/Shakti, die Einheit des Männlichen und Weiblichen, ein verdichtetes Abbild der gesamten Schöpfung)

Kali-Yantra (Symbol Kalis, der Gemahlin Shivas, der göttlichen Mutter)

Om-Zeichen (Klangliche und optische Manifestation des Absoluten)

Mandala (Symbolische Darstellung kosmischer Kräfte)

Basti

Durch das Ausüben von Basti werden alle Krankheiten wie Koliken, Tumore im Unterleib und Wassersucht geheilt, die durch eine Störung von VAYU (Wind), PITTA (Galle) und KAPHA (Schleim) entstanden sind.[1]

Diese Übung ähnelt in Ausführung und Wirkung unse-

1 Hatha Yoga Pradipika II/27; vgl. hierzu Tridosa und S. 87

rem westlichen Klistier, ist also eine natürliche Methode der Reinigung des Darmes. In Indien wird diese Übung in einem See oder Fluß ausgeführt, als Hilfsmittel dient ein etwa 15 cm langes Bambusrohr mit dem Durchmesser eines kleinen Fingers, dessen glattpoliertes Ende mit Butter eingerieben wird, um dann in den Darm eingeführt zu werden.

Man setzt sich bei dieser Übung in den Krähensitz KAGASANA[1] in eine gefüllte Badewanne und führt einen ca. 15 cm langen Schlauch in Fingerstärke in den Enddarm ein. Im Gegensatz zum Klistier wird das Wasser jedoch nicht in den Darm gepreßt, sondern eingesogen. Man zieht das Wasser im Darm nach oben, indem man UDDIYANA BANDHA ausübt. Hierzu zieht man, nachdem man vollständig ausgeatmet hat, den Bauch möglichst weit nach innen und oben. Hierdurch entsteht im Darm ein Unterdruck, so daß das Wasser sanft in den Darm strömt. Dann steht man auf und führt mehrmals NAULI durch, um den Darm mit dem Wasser zu reinigen. Anschließend bleibt man mit auf den Knie gestützten Händen stehen und läßt das Wasser langsam aus dem Darm fließen. Um den Darm vollständig zu entleeren, kann man anschließend noch die Pfauenstellung einnehmen.

Dhauti

Ein Stück Tuch, etwa 10 cm breit und 7 bis 8 Meter lang wird, nachdem man es mit warmem Wasser befeuchtet hat, geschluckt und dann wieder in seiner ganzen Länge herausgeholt, wie es einem der Guru gezeigt hat.[2]

1 Vgl. hierzu Kap. 4, Die Übungen 1. Teil
2 Hatha Yoga Pradipika II/24

Man nimmt hierzu am besten ein Stück Musselin oder Gaze, um mögliche Verletzungen zu vermeiden. Mit weit geöffnetem Mund versucht man nun, das Tuch Stück für Stück zu schlucken. Sicher wird dies am Anfang nur wenige Zentimeter weit gelingen, bis man das Gefühl hat, sich übergeben zu müssen. Doch mit einiger Übung wird es schließlich gelingen, die gesamte Tuchlänge zu verschlucken. Hat man das Tuch geschluckt, bis nur noch ein kleines Ende aus dem Mund heraushängt, führt man NAULI aus, um den Darm mit dem Tuch zu reinigen. Dann zieht man das Tuch langsam wieder heraus. Nach der Übung sollte man ein Glas angewärmtes Wasser oder Milch trinken. Diese Übung wird in der Regel nicht öfter als einmal pro Woche ausgeführt.

Laut den klassischen Yogavorschriften heilt diese Übung alle Erkrankungen von Milz und Galle, Magenerkrankungen, Fieber, Husten und Lepra. Auch Bronchitis, Asthma, Tuberkulose und viele andere Krankheiten sollen mit diesem Verfahren heilbar sein.

Zusammenfassung

Die hier vorgestellten Reinigungsübungen sollen den Körper und auch die Seele aufnahmefähig machen für das nachfolgende PRANAYAMA. Alles, was den Körper und den Geist belastet, die HATHA YOGA PRADIPIKA nennt hier stellvertretend Fett und Schleim, wird durch diese reinigenden Handlungen entfernt. Die Physis und die Psyche werden nachhaltig geläutert und geklärt, was sich auch auf die Funktion der Sinnesorgane sowie vor allem auf den Verdauungstrakt und den Stoffwechsel auswirkt.

Die Beherrschung der Lebenskraft (Pranayama)

Wenn Pranayama ausgeführt wird, nachdem man von Fettleibigkeit, die durch Störungen von Schleim hervorgerufen wurde, durch die Ausübung der sechs Kriyas befreit wurde, ist der Erfolg einfach.

Einige Lehrer (ACHARYAS) empfehlen keine andere Übung, da sie der Meinung sind, daß alle Unreinheiten durch die Praxis des Pranayama beseitigt werden.[1]

Prana – die kosmische Energie

»Prana ist der Träger von Geist, und der Geist kann nur dann tätig werden, wenn Prana sich bewegt, so lehrt uns die Shiva Gita. Prana ist in allem was lebt. Ohne Prana lebt nichts. Prana ist die Energie, die das ganze Universum erfüllt, jede Pflanze und jedes Tier. Alle Formen der Energie sind nur Träger Pranas. Und deshalb streben alle Yoga-Wege das Ziel an, Kontrolle über die vielfältigen Aspekte des Prana zu gewinnen. Die einfachste und beste Form, Prana zu gewinnen und zu kontrollieren, ist die Atmung. Pranayama heißt also Kontrolle der Atmung und damit verbunden, Kontrolle des Prana, des Stroms des Lebendigen, des Lebens schlechthin. Du kannst Monate ohne feste Nahrung verbringen, Wochen ohne zu trinken; doch wenn du aufhörst zu atmen, stirbst du – zumindest in deinem gegenwärtigen Zustand.«

1 Hatha Yoga Pradipika II/36,37

Advaitananda hat die Augen halb geschlossen und lehnt sich entspannt zurück, während ihm einer der jüngeren Schüler Luft zufächelt. »Was ist Prana?«
Er schließt die Augen, versinkt in der eigenen Frage, geht auf im Absoluten – reines Prana.
»Prana ist in der Luft, aber es ist nicht die Luft. Prana ist in der Nahrung, doch es ist nicht die Nahrung selbst. Prana ist im Wasser, im Strahl der Sonne, in jedem Gedanken. Prana ist eins, unteilbar, und doch manifestiert es sich in verschiedenerlei Formen. Was also ist Prana? Die fünf Hauptarten Pranas im menschlichen Körper sind:

- Prana
- Apana
- Samana
- Udana
- Vyana

Während Vyana Prana den gesamten Körper durchdringt, jede Zelle erhält und die Muskeln und Gelenke führt, haben die anderen Erscheinungsformen Pranas ihren Sitz in einem der Chakras. Von hier aus steuern sie bestimmte Körperfunktionen.

APANA PRANA hat seinen Sitz im Wurzelchakra (Muladhara Chakra) und kontrolliert den Ausscheidungsapparat.

SAMANA PRANA wacht über die Verdauung, sein Sitz ist das Nabelzentrum (Manipura Chakra).

PRANA sitzt im Herzchakra (Anahata Chakra) und ist für die Atmung, die Sprache und die Bewegungen des Schlundes zuständig.

UDANA PRANA regiert die Nerven oberhalb des Kehlkopfes und ist u. a. für das Schlucken und den Schlaf des Menschen zuständig. Es sitzt im Kehlkopfzentrum (Vishuddha Chakra).

Jeder dieser Manifestationen Pranas ist ein Impuls zugeordnet, ein Wind (vayu), der das Prana trägt und im Körper bewegt. Bei der Einatmung stimulierst du PRANA VAYU bei der Ausatmung APANA VAYU. Während der Phase des Anhaltens des Atems vereinigen sich Prana und Apana, Sonne und Mond, positive und negative Ströme, HA und THA. Du wirst eins, vereinigst dich mit dem Urgrund allen Seins – Yoga.

Durch diese Stimulation von Prana und Apana werden auch die anderen Manifestationen von Prana angeregt und vermehrt im Körper gespeichert – vor allem im Manipura Chakra, dem Sonnengeflecht. Hier werden gewaltige Mengen von Prana freigesetzt und über die SHUSHUMNA an die anderen Energiezentren weitergeleitet.«

Zusammenfassung

Meditation dient der Einsparung von PRANA, der Erhaltung von Lebensenergie. Meditation hat demnach lebensverlängernde Wirkung und schafft jedem Zeit, das persönliche Lebensziel zu erreichen. Durch Zähmung und Beherrschung des Atems erlang man die Kontrolle über das PRANA des eigenen Körpers. Die Meditationstechnik ist also im wesentlichen eine spezielle Atemtechnik, die ermöglicht mit der Lebenskraft hauszuhalten.

Nadis und Chakras – Energiekanäle und Energiezentren[1]

> Wenn das ganze System der Nadis, das voller Unreinheiten ist, gereinigt ist, dann ist der Yogi in der Lage, Prana zu kontrollieren.[2]

> Von den 84 Asanas sollte Siddhasana immer praktiziert werden, denn sie säubert die Unreinheiten der 72 000 Nadis.[3]

Laut der Yogalehre durchziehen 72 000 NADIS den menschlichen Körper. Sie sind den Meridianen der Akupunktur vergleichbar. Diese Energiekanäle transportieren PRANA in alle Körperteile, und sie stellen die Verbindung mit dem Astralkörper dar. In den einzelnen CHAKRAS wird Prana gespeichert, transformiert und weitergeleitet. Jede Blockade in den Nadis oder gar den Energiezentren, den Chakren, zieht unweigerlich Unwohlsein und Krankheit nach sich – auf körperlicher und seelischer Ebene –, da sich in den Nadis Körperliches und Seelisches verbindet. Die wichtigste Aufgabe des PRANAYAMA besteht also darin, die Chakras und Nadis zu reinigen und damit einen ungestörten Fluß Pranas zu gewährleisten. Durch Pranayama wird den einzelnen Körperregionen vermehrt Prana zugeführt – Körper und Geist gesunden. Die drei wichtigsten Nadis im menschlichen Körper sind:

- Ida
- Pingala und
- Shushumna

1 Vgl. hierzu auch V. Christmann, das Yoga-Buch – Philosophie und Praxis des Yoga
2 Hatha Yoga Pradipika II/5
3 Hatha Yoga Pradipika I/41

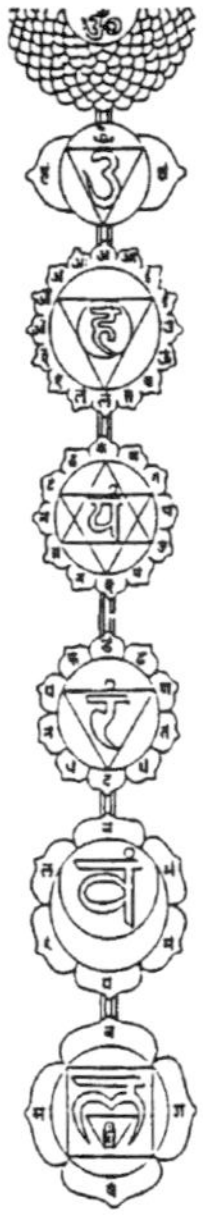

CHAKRA	AUSWIRKUNGEN
Scheitelzentrum (Shahasrara Chakra)	Gehirn, willkürliches Nervensystem
Stirnzentrum (Ajna Chakra)	unwillkürliches Nervensystem
Kehlkopfzentrum (Vishudda Chakra)	Atmungssystem
Herzzentrum (Anahata Chakra)	Gefäßsystem
Nabelzentrum (Manipura Chakra)	Ernährungssystem
Unterleibszentrum (Svadhisthana Chakra)	Ausscheidungs- und Fortpflanzungsorgane
Wurzelzentrum (Muladhara Chakra)	

Ida und Pingala entsprechen den Nervenknoten des Rückenmarks – rechts verläuft die männliche Pingala, links die weibliche Ida. Sie winden sich von der Wurzel der Wirbelsäule, dem MULADHARA Chakra, aus spiralförmig um die SHUSHUMNA, die dem physischen Rückenmark entspricht, und enden in den beiden Nasenlöchern.
Im Muladhara Chakra befindet sich auch die ruhende kosmische Energie KUNDALINI, die zu erwecken und die Chakras entlang aufsteigen zu lassen das Ziel jeder Yoga-Übung ist. Erreicht diese Energie das Scheitelzentrum – SAHASRARA –, so ist jener Zustand jenseits von Raum und Zeit erreicht, den die Yogis Samadhi, Überbewußtsein, nennen.

Um Pranayama richtig üben zu können, benötigt man zunächst einen festen Sitz. In den Yoga Sutras des Patanjali steht hierzu nur: »Die Sitzhaltung soll fest und angenehm sein.«[1]

Fest und angenehm! Natürlich bezog sich diese Sutra auf Indien, wo schon die kleinsten Kinder mühelos in Lotossitz und ähnlichen Sitzhaltungen ausharren, da sie völlig andere Sitzgewohnheiten haben als der durchschnittliche Europäer. Es empfiehlt sich jedoch, sich nach und nach den einen oder anderen Yogasitz anzueignen, da die Vorteile, in diesen Pranayama zu üben, anfängliche Mühe bei weitem wettmacht. Selbstverständlich kann man Pranayama auch auf einem Stuhl ausüben; dies empfiehlt sich vor allem für Ältere und Menschen, die in der Bewegungsfreiheit eingeschränkt

1 Yoga Sutras II/46

sind. Jedoch sollten auch beim Sitzen auf einem Stuhl einige Grundsätze beachtet werden:

- Die Wirbelsäule bleibt während der gesamten Übung aufrecht und gerade.

- Man sollte sich nach Möglichkeit nicht anlehnen.

- Der gesamte Körper bleibt während der Übung möglichst entspannt.

Diese Grundsätze dienen dazu, daß die NADIS möglichst wenig blockiert sind und PRANA ungehindert durch die einzelnen Energiezentren (CHAKREN) aufsteigen kann. Die gebräuchlichsten Yogastellungen für Pranayama und Meditation sind:

- Lotus (Padmasana)
- Halber Lotus (Ardha Padmasana) und
- Vollkommene Stellung (Siddhasana)

Aber auch der Diamantsitz (Vajrasana) und die Leichte Stellung (Sukhasana) sind für Pranayama und Meditation geeignet. Wichtig ist allein, daß der Oberkörper aufgerichtet ist und die Stellung beschwerdelos über längere Zeit eingehalten werden kann.

Diese Sitzhaltungen fördern die Beweglichkeit der Knöchel, der Knie und der Hüften. Sie dehnen die Bänder und machen sie geschmeidiger, beleben die Beinnerven und fördern die Fähigkeit zur Konzentration.

Triangelzyklus (Trikonasana)

Triangelzyklus (Trikonasana)

Kräftigung des Rückens (Kati-Shakti-Vikasaka)

Pflug (Halasana)

Schulterstand (Sarvangasana)

Brücke (Sethu Bandhasana; oben); Kinderübung (Bal Asana; Mitte); Rad (Chakrasana; unten)

Zange (Paschimothanasana; oben); Krähe (Kakasana; unten)

Lotussitz (Padmasana)

Zusammenfassung

Wenn PRANA sich im Körper bewegt, bewegt sich mit ihm der Geist. Da PRANA in feinen Leitungsbahnen durch den Körper strömt, in 72 000 NADIS, müssen diese durch regelmäßige Übung frei von Blockaden gehalten werden, um einen störungslosen Energiefluß durch alle CHAKREN und Körperregionen zu ermöglichen. Das erstrebte Ziel soll sein, die im Organismus ruhende kosmische Energie, die KUNDALINI, fließen zu lassen, um in den Zustand des Überbewußtseins SAMADHI zu gelangen.

Lotussitz (Padmasana)

Der Yogi, der im Lotussitz seine Atmung
kontrollieren kann, ist frei von aller Knechtschaft,
daran gibt es keinen Zweifel.[1]

Der bei uns im Westen bekannteste Yogasitz ist sicher der Lotus (Padmasana). Er symbolisiert das spirituelle Wachstum des Menschen. So wie der Lotus im Sumpf wurzelt, sich durch das Wasser drängt, um schließlich im Licht der Sonne zu blühen, so hat auch der Mensch Anteil an den drei Welten. Er entwickelt sich – zum Beispiel durch Yoga – höher und höher, um schließlich im Licht der Erleuchtung frei zu werden. KAIVALYA, diese letzte Loslösung von allem Materiellen, diese Befreiung von jeder weiteren Verkörperung, ist das Ziel des Yoga. Bevor man den Lotus einübt, sollten zuerst Beine und Gelenke gelockert werden (vgl. hierzu V. Christmann, Das Yoga-Buch – Philosophie und Praxis des Yoga).

1 Hatha Yoga Pradipika I/51

Auch der Halbe Lotus ist eine gute Möglichkeit, sich auf den Lotus vorzubereiten.

Um den Lotussitz einzunehmen, sitzt man mit ausgestreckten Beinen auf einer zusammengelegten Decke, einem niedrigen Kissen oder einer Meditationsbank. Dann legt man den rechten Fuß möglichst hoch auf den linken Schenkel und legt das zweite Bein über das erste, wobei der linke Fuß möglichst hoch auf dem rechten Oberschenkel ruht. Auch der umgekehrte Weg – zuerst linkes Bein, dann rechtes – ist möglich.

In der PADMASANA bleiben die Knie am Boden, die Wirbelsäule ist aufrecht und gerade, die Hände liegen gefaltet im Schoß (DHYANI MUDRA) oder in der JNANA MUDRA, der Geste der Weisheit, auf den Knien (siehe farbige Abbildungen).

Halber Lotus (Ardha Padmasana)

Auch beim Halben Lotus wird der rechte Fuß möglichst hoch auf den linken Schenkel gelegt (oder umgekehrt). Das linke Bein wird jedoch nicht über das rechte gelegt, sondern darunter. Diese Asana fällt anfangs wesentlich leichter als der volle Lotus und ist genausogut für Pranayama und Meditation geeignet.

Diamantsitz (Vajrasana)

Leichte Stellung (Sukhasana)

Vollkommene Stellung (Siddhasana)

Diamantsitz (Vajrasana)

Hierbei kniet man sich mit aufrechtem Rückgrat auf die Fersen. Die großen Zehen sind leicht überkreuzt, die Hände liegen in der Dhyana Mudra im Schoß.

Leichte Stellung (Sukhasana)

Diese Stellung ist als Vorübung für Lotus, Halben Lotus und Siddhasana bestens geeignet. Kopf und Nacken werden aufrecht und gerade gehalten, die Beine sind gekreuzt, die Hände liegen auf den Knien. Bei uns wird diese Stellung häufig auch als Schneidersitz bezeichnet.

Vollkommene Stellung (Siddhasana)

Siddhas sind diejenigen, die »das Ziel erreicht« haben, die »Vollkommenen« oder »Meister«, und so wird diese Haltung oft auch als Meisterstellung bezeichnet. Sie ist zwar im Westen nicht ganz so bekannt wie Lotus oder Diamantsitz, und doch wird sie in Indien von vielen Yogis für Pranayama und Meditation bevorzugt. In der Hatha Yoga Pradipika steht über diese Übung:

> Shiva lehrte 84 Asanas. Von diesen sind nur die ersten vier wesentlich.
>
> Diese vier sind: Siddhasana, Lotus, Löwe und die sanfte Stellung (Bhadrasana.).
>
> Von diesen wiederum sollte Siddhasana, da sie sehr bequem ist, stets praktiziert werden.[1]

1 Hatha Yoga Pradipika I/35,36 (Vgl. V. Christmann, Das Yoga-Buch – Philosophie und Praxis des Yoga)

Man setzt sich wie beim Lotus mit gestreckten Beinen auf eine zusammengerollte Decke oder ähnliches. Dann beugt man das linke Knie und bettet die linke Ferse in den Dammbereich. Das rechte Bein wird nun auf den linken Unterschenkel gelegt, die rechte Ferse leicht gegen das Schambein gedrückt (man kann die Stellung auch mit dem rechten Bein unten und dem linken Bein oben ausführen). Körper- und Handhaltung sind dieselben wie beim Lotus.

Zusammenfassung

Um PRANAYAMA, die meditative Atemtechnik des Yoga, ohne Behinderungen des Energieflusses durchführen zu können, ist die richtige Körperhaltung von entscheidender Bedeutung. Sie sollte mit Sorgfalt ausgewählt und eingeübt werden, denn nur eine Stellung, die garantiert, daß keine Blockierungen im Bereich der NADIS und CHAKREN auftreten, läßt einen Erfolg der Übungen zu.

Drei Verschlüsse (Bandhas)

Die vorher beschriebenen Sitzhaltungen eignen sich alle zur Ausübung von Pranayama. Man wählt die Asana aus, die einem am besten zusagt und beginnt nun, die drei Verschlüsse, die Bandhas zu üben. Eine vollständige Atmung zerfällt im Hatha Yoga in drei Phasen:

- Einatmen (Puraka)
- Anhalten des Atems (Kumbhaka)
- Ausatmen (Rechaka)

Am Ende jeder Ausatmungsphase wird das Baucheinziehen praktiziert (Uddiyana Bandha), in der Phase des Atemanhaltens werden mit Hilfe des Kinnverschlusses (Jalandhara Bandha) und des Afterverschlusses (Mula Bandha) die beiden Energieströme Prana und Apana miteinander vereinigt und am Entweichen aus dem Körper gehindert, so daß sie beginnen, in der Shushumna zu fließen. Dies erweckt die mystische Schlangenkraft am Ende der Wirbelsäule, die Kundalini, die nun gleichfalls in der Shushumna aufzusteigen beginnt.
Diese Verschlüsse werden häufig auch bei den sogenannten Mudras angewendet, um die Unbewegtheit der Bewußtseinsgegenstände zu erreichen und Prana im Körper zu lenken und zu speichern. Die Hatha Yoga Pradipika schreibt zu diesen Übungen:

> Durch Mula Bandha, Jalandhara Bandha und Uddiyana Bandha strömt Prana in die Brahma Nadi (Shushumna).
>
> Indem er Apana Vayu hochzieht und Prana Vayu durch die Kehle hinunterpreßt, befreit sich der Yogi vom Alter und wird jung wie ein Sechzehnjähriger.[1]

Baucheinziehen (Uddiyana Bandha)

Am Ende der Ausatmung werden die Lungen vollständig geleert, indem man den Bauch einzieht und das Zwerchfell nach hinten oben, dem Rückgrat zu, preßt. Hierdurch steigt Prana in der Shushumna nach oben.

1 Hatha Yoga Pradipika, II/46,47

Kinnverschluß (Jalandhara Bandha)

Nachdem man eingeatmet hat, preßt man bei angehaltenem Atem das Kinn fest gegen die Brust am oberen Rand des Brustbeins. Hierdurch verhindert man ein Entweichen von Prana aus dem Oberkörper. Außerdem wirkt diese Übung über einen leichten Zug des Rückenmarks nach oben auf die Nervenzentren und das Gehirn.

Afterverschluß (Mula Bandha)

Diese Übung wird meist gemeinsam mit Jalandhara Bandha während der Phase des Atemanhaltens angewendet. Man zieht hierzu zunächst den Schließmuskel des Afters kräftig zusammen, dann die Bauchmuskulatur. Hierdurch wird Apana in der Shushumna nach oben gepreßt und vereinigt sich durch Jalandhara Bandha mit Prana.

Atemübungen

Wenn die Atmung unruhig ist, ist auch
der Geist unruhig.
Durch Zähmen des Atems erreicht der
Yogi die Stille des Geistes.

So lange der Atem den Körper erfüllt,
nennt man dies Leben.
Der Tod tritt ein, wenn der Atem aufhört.
Deshalb ist es notwendig, den Atem zu zähmen.[1]

»Richtiges Atmen heißt also, dem Körper vermehrt

1 Hatha Yoga Pradipika, II/2,3

Prana zuzuführen – und diese Energie auch zu nutzen! Dies bedeutet nach den Lehren des Yoga eine Umwandlung des ganzen Körpers, eine umfassende Gesundung. Diese Zügelung des Atems erstreckt sich nicht nur auf die Atemübungen am Morgen und am Abend, Pranayama kann uns den ganzen Tag begleiten, wenn wir bewußt atmen! Bewußtes Atmen heißt auch, nicht nur einen Teil der Lunge zu füllen, sondern bei jedem Atemzug vollständig zu atmen, das heißt Bauchatmung, Brustkorbatmung und Schlüsselbeinatmung zu einer einzigen harmonischen Bewegung zu kombinieren. Beim Ausatmen sollte die Lunge möglichst vollständig entleert werden, um alle verbrauchte Luft auszustoßen, denn – nur eine leere Tasse kann frisch gefüllt werden! Atme also – sobald es dir während des Tages einfällt – ganz bewußt! Atme tief aus, laß dann die Luft in den Bauchraum strömen, höher dann in den Brustraum, indem du Brustkorb und Rippen leicht dehnst, und zieh diese Luft dann in die Lungenspitzen. Die Lungenspitzen sind bei den meisten Menschen ein Brutherd für Krankheiten, da sie meist schlecht durchlüftet werden, und in einem dreckigen Haus gedeiht allerlei Unrat.« Seine Stimme ist leise und monoton, ein kaum hörbares Raunen.

»Durch Yoga und Meditation stehst du mit einem Teil von dir jenseits von Raum und Zeit – durch ein Aufgehen in Prana – und dies spiegelt sich auch in deinem physischen Körper. Du erscheinst jugendlicher, scheinst langsamer zu altern. Aber das ist es nicht. Du bist nicht jugendlicher – du bist alterlos!«

Wechselatmung (Anuloma Viloma)

Die einfachste Art, die beiden gegensätzlichen Ströme – Ha und Tha – miteinander zu verbinden ist die Wechselatmung. Nach den Lehren des Yoga entspricht das rechte Nasenloch der PINGALA NADI, dem männlichen Prinzip, der Hitze, der Sonne; das linke Nasenloch entspricht der weiblichen IDA NADI, dem kühlen Mond. Der Atem durch die Pingala Nadi erzeugt daher Hitze, steigert die Funktion der Körperorgane und wirkt abbauend; Ida-Atem wirkt kühlend, hemmt die Funktion der Körperorgane und wirkt daher aufbauend. Wenn diese beiden Ströme im Gleichgewicht sind, verlaufen alle Prozesse im Körper in vollendeter Harmonie, ist ihre Symmetrie gestört, drohen Schwäche, Krankheit und Tod.
Die Wechselatmung kann als Vorübung zu den eigentlichen Atemübungen ausgeübt oder als eigenständige Übung – so oft man es wünscht, auch während des Tages – praktiziert werden, um den Körper zu harmonisieren und Ausgeglichenheit und Ruhe zu verstärken.

Man schließt mit dem rechten Daumen das rechte Nasenloch und atmet tief aus. Dann atmet man durch das linke Nasenloch ein, verschließt mit Ringfinger und kleinem Finger (VISHNU MUDRA) das linke Nasenloch und atmet durch das rechte Nasenloch wieder aus. Nun atmet man durch das rechte Nasenloch ein, verschließt es mit dem Daumen und atmet durch das linke Nasenloch aus. Diese Übung kann beliebig lange ausgeführt werden, bis man völlig entspannt und mit sich im Einklang ist. Während der gesamten Übung sollte der Atem nicht hörbar sein.

Die eigentlichen Atemübungen oder Pranayamas, die täglich nach den Asanas ausgeführt werden sollten, sind

- Kapala Bhati
- Ujjayi
- Surya Bheda und
- Bhastrika

Advaitananda weicht allerdings etwas von diesen klassischen Übungen ab und verbindet Einzelübungen wie Ujjayi und Surya Bheda zu einer Gesamtübung, die die Vorteile beider Übungen enthält und seiner Meinung nach eher geeignet ist, die Nadis zu reinigen und die Energieströme im Körper zu harmonisieren. Die getrennte Ausführung einzelner Übungen hat nach Advaitananda eher therapeutischen Charakter und sollte bei bestimmten Krankheiten angewendet werden.

Kapala Bhati

Jede Runde Atemübungen sollte mit Kapala Bhati beginnen. Diese Übung ist nicht nur eine Atemübung, sie wird in der Hatha Yoga Pradipika und in diesem Buch auch bei den Reinigungsübungen, den Kriyas, beschrieben. Sie reinigt die Nadis und bereitet den Körper auf die nachfolgenden Pranayamas vor.

Ujjayi

Die Hatha Yoga Pradipika schreibt zu dieser Übung:

> Ujjayi sollte in allen Lebenslagen ausgeübt werden,
> selbst wenn man geht oder sitzt.

Es beseitigt die Schäden der Nadis, Wassersucht und die Störungen der Körpersäfte.[1]

Man sitzt mit geschlossenem Mund in einer der vorher beschriebenen Sitzhaltungen und atmet gleichmäßig und sanft durch beide Nasenlöcher ein. Man schließt hierbei die Stimmritze, so daß ein gleichmäßiger, klagender Ton erzeugt wird. Nach dem Einatmen führt man MULA BANDHA und JALANDHARA BANDHA aus, solange man ohne Anstrengung den Atem anhalten kann. Dann atmet man langsam durch das linke Nasenloch aus, das rechte wird wie bei der Wechselatmung mit der VISHNU MUDRA verschlossen. Diese Übung sollte fünf- bis zwanzigmal wiederholt werden.

Ujjayi beseitigt Schleim und Absonderungen in der Kehle, regt den Appetit an und gilt in Indien als Heilmittel gegen Ruhr, Verdauungsstörungen aller Art, Husten und Tuberkulose. Swami Vishnu-Devananda schreibt: »Ujjayi ist eine Waffe gegen Tod und Verfall.«[2]

Surya Bheda

Surya ist der alte vedische Sonnengott, das Symbol der Sonne und der Hitze. Die Übung erhielt diesen Namen, weil bei ihr nur durch das rechte Nasenloch eingeatmet wird, die PINGALA NADI oder SURYA NADI, die dem Hitze erzeugenden, männlichen Prinzip entspricht. Diese

1 Hathy Yoga Pradipika, II/53
2 Swami Vishnu-Devananda, Das große illustrierte Yoga-Buch

Übung kräftigt Lunge und Herz und reinigt die Nebenhöhlen. Sie gilt als besonders gutes Mittel gegen Stirnhöhlenvereiterung. SURYA BHEDA wird unmittelbar nach Ujjayi ausgeführt.

Man schließt das linke Nasenloch mit der Vishnu Mudra und atmet möglichst lange und geräuschlos durch das rechte Nasenloch ein. Dann schließt man mit dem Daumen auch das rechte Nasenloch, hält den Atem möglichst lange anstrengungslos an, wobei man das Kinn in Jalandhara Bandha fest gegen die Brust drückt. Dann atmet man wieder langsam und geräuschlos durch das linke Nasenloch aus. Bei Surya Bheda erfolgt die Einatmung stets durch das rechte Nasenloch, die Ausatmung stets durch das linke.

Bhastrika

Bhastrika ist die Übung zur Erweckung der Kundalini, jener mystischen Energie, die nach dem indischen Mythos als zusammengerollte Schlange am Ende der Wirbelsäule ruht. Bhastrika bedeutet Blasebalg. Dieser Name deutet zum einen darauf hin, wie bei dieser Übung geatmet werden soll, zum anderen wird auf die Wirkung dieser Übung hingewiesen, die das Feuer entfacht wie der Blasebalg das Feuer des Schmiedes.
Bhastrika erhöht die Körpertemperatur und entfernt durch Schwitzen Schlacken und Unreinheiten aus dem Körper. Sie erhöht die Blutzufuhr zum Gehirn und verstärkt damit die Fähigkeit zur Konzentration. Die Rückenmarkszentren werden aktiviert und dadurch die Kundalini »geweckt«.
In der Ausübung ähnelt BHASTRIKA KAPALA BHATI. Während bei Kapala Bhati allerdings nur das Zwerchfell die

Atmung steuert, setzt man bei Bhastrika das gesamte Atemsystem ein.

Am besten sitzt man bei Bhastrika im Lotus, Halben Lotus oder in Siddhasana und atmet rasch und deutlich hörbar durch das linke Nasenloch (das rechte wird mit dem Daumen verschlossen wie bei der Wechselatmung) ca. zwanzigmal aus und ein, indem man den Unterleib rhythmisch zusammenzieht und entspannt. Dann atmet man tief ein, verschließt beide Nasenlöcher (das linke mit Ringfinger und kleinem Finger) und führt JALANDHARA BANDHA und MULA BANDHA aus. Man hält die Luft so lange an, wie dies ohne Anstrengung möglich ist, dann löst man die Bandhas und atmet aus.
Nun schließt man das linke Nasenloch mit Ringfinger und kleinem Finger (VISHNU MUDRA) und atmet durch das rechte Nasenloch ca. zwanzigmal rhythmisch aus und ein, schließt beide Nasenlöcher und führt JALANDHARA BANDHA und MULA BANDHA aus, während man die Luft anhält, löst die Bandhas und atmet aus. Diese Übung wiederholt man drei- bis fünfmal.

Dann umfaßt man mit den Händen die Knie, atmet rhythmisch und schnell wie zuvor durch beide Nasenlöcher ein und aus, atmet tief ein, hält die Luft an und wendet JALANDHARA BANDHA und MULA BANDHA an, solange dies ohne Anstrengung möglich ist. Dann löst man die Verschlüsse und atmet aus. Auch dieser Teil Bhastrikas sollte dreimal wiederholt werden.

Im Laufe der Zeit kann die Anzahl der Zyklen auf acht bis zehn gesteigert werden; auch die Anzahl der Ein- und Ausatmungen während einer Runde kann mit fortschreitender Praxis erhöht werden.

Dies sind die wichtigsten klassischen Atemübungen zur Beherrschung der Lebensenergie, Prana, wie sie in der Hatha Yoga Pradipika und anderen Yogaschriften beschrieben werden. Advaitananda lehrte mich allerdings einen leicht abgewandelten Atemzyklus, den ich nun seit Jahren praktiziere:

1. Eine Runde Kapala Bhati

2. Tiefes, stoßweises Ein- und Ausatmen durch das linke Nasenloch

3. Tiefes, stoßweises Ein- und Ausatmen durch das rechte Nasenloch

4. Drei Runden sehr schneller Wechselatmung mit je zwanzig Atemzügen

5. Eine Runde vollständiger Wechselatmung mit ca. zehn Ein- und -Ausatmungen.

Die vollständige Wechselatmung verbindet UJJAYI und SURYA BEDHA. Ausatmung, Einatmung und Anhalten des Atems folgen hierbei einem bestimmten Verhältnis zueinander:

Ausatmen : Einatmen : Anhalten = 4 : 2 : 8

Am Ende der Ausatemphase wird UDDIYANA BANDHA eingesetzt, um die Restluft aus der Lunge zu pressen. Nach dem Einatmen, während der Phase des Luftanhaltens, wendet man die drei Verschlüsse JALANDHARA BANDHA, MULA BANDHA und UDDIYANA BANDHA an, um Prana und Apana miteinander zu verschmelzen.

Diese Art des Pranayama reinigt die Nadis, harmonisiert den Körper, bringt männliche und weibliche Energieströme zum Ausgleich und treibt die Kundalini in der Shushumna nach oben.

Neben diesen Hauptpranayamas gibt es natürlich noch eine ganze Reihe von Nebenpranayamas, die von Schule zu Schule, von Lehrer zu Lehrer sehr unterschiedlich sein können. Beispielhaft sollen hier noch drei dieser Atemübungen erwähnt werden:

- Sitali Pranayama
- Kaki Mudra
- Yoni Mudra

Sitali

Sitali ist eine Übung, um den Körper mit Hilfe der Atmung abzukühlen und das Blut zu reinigen.
Man streckt hierbei die Zunge durch die Lippen und versucht, sie an der Seite etwas nach oben zu rollen, bis eine mehr oder weniger geöffnete Röhre entsteht. Nun atmet man hörbar durch den Mund ein, hält den Atem an und atmet langsam durch die Nase wieder aus. Dies sollte zwanzig- bis dreißigmal wiederholt werden.

Kaki Mudra

Die Kaki oder Kakini Mudra dient vor allem der Verjüngung der Wangen und einer verbesserten Mundhygiene, da hier frische Luft in der Mundhöhle gehalten wird.

Man atmet wie bei Sitali ein, bläst die Backen auf, schließt die Augen, preßt das Kinn in JALANDHARA BANDHA an die Brust und verschließt mit den beiden Daumen

Kaki Mudra – Einatmen

Kaki Mudra – Anhalten der Luft

Yoni Mudra

Yoni Mudra – Variation mit Jalandhara Bandha, dem Kinnverschluß die Nase. Die übrigen Finger werden paarweise gespreizt und wirken wie ein Schnabel – daher der Name. Man hält in dieser Stellung die Luft so lange wie möglich an, hebt den Kopf in seine normale Lage, öffnet die Augen und atmet langsam durch die Nase aus.

Yoni Mudra

Die Yoni Mudra wird häufig als Vorübung zur Meditation, als eine Möglichkeit zum Zurückziehen der Sinne (Pratyahara), empfohlen. Sie entstammt – zumindest dem Namen nach – tantrischen Quellen, die ihre Definitionen häufig aus sexuellen Begriffen beziehen. Yoni ist die weibliche Scham, die sich mit dem Lingam, dem Symbol des Phallus, vereinigt. Shiva und Shakti, männlich und weiblich, Ha und Tha vereinigen sich, wenn die Außenreize vermindert werden, der Geist sich nur noch mit sich selbst beschäftigt, ohne der »Tyrannei der Sinne« ausgeliefert zu sein.

Man atmet ein und verschließt für die Phase des Atemanhaltens die Sinnesöffnungen:

- mit den Daumen die Ohren
- mit den Zeigefingern die Augen
- mit den Mittelfingern die Nase
- mit Ringfingern und kleinen Fingern den Mund.

Von der Außenwelt abgeschirmt ruht man nun in sich selbst. Man kann diese Übung über längere Zeit ausdehnen, indem man den Verschluß des Mundes für die Ein- und Ausatmung leicht löst.

Welche Arten von Pranayama man auch bevorzugen

mag, das Ziel scheint auf jeden Fall eine kleine Anstrengung wert, steht doch in der Hatha Yoga Pradipika:

> Es gibt nichts in den drei Welten, das zu
> erreichen für den schwierig wäre, der in der Lage ist,
> den Atem voller Freude zu zügeln.[1]

Zusammenfassung

Durch richtiges, kontrolliertes und vollständiges Atmen kann dem Körper vermehrt PRANA zugeführt werden. Dies ist den ganzen Tag über möglich, nicht nur während eines Yogazyklus, und führt zu einer weitaus bewußteren Geistes- und Körperhaltung. Mehr Lebensenergie zu haben bedeutet, sich frischer, jugendlicher zu fühlen, ja geradezu alterlos. All das kann mit den Atemübungen des PRANAYAMA erreicht werden.

1 Hatha Yoga Pradipika II/74

7 Die Übungen 3. Teil – Mudras, Die Siegel des Yoga

»Du scheinst traurig. Warum? Weil du uns bald verläßt?« Ich sitze mit Advaitananda im Garten. Die späte Nachmittagssonne verliert langsam ihre Kraft und zeichnet immer länger werdende Schatten.
Wieder einmal ist es Zeit, Zeit Abschied zu nehmen, wie mein ganzes Leben in Indien darin zu bestehen scheint, anzukommen, um Abschied zu nehmen.
»In deinem Leben ist kein Platz für Trauer! Wie kannst du uns verlassen, wo doch die ganze Schöpfung in Wirklichkeit eins ist. Nur Träumer empfinden die Trennung! Wer erwacht, weiß, daß alles eins ist:

SAT EVA IDAM AGRE ASIT,
EKAM EVA ADVITIYAM.«[1]

Das große Wort der Chandogya Upanishad! Wie oft schon habe ich es gehört, hier, in Indien. Aber es ist eben ein großer Unterschied, ob man etwas hört und intellektuell für richtig empfindet oder ob man es erlebt!

»Sat eva idam ... Nur wer in den Schleiern Mayas gefangen ist, sieht dies nicht. Doch es gibt keine Maya! Alles

1 Wahrlich nur seiend war jenes am Anfang, Eines ohne Zweites

ist in Wahrheit Brahman, ewiges Sein. Gott ist nicht außerhalb seiner Schöpfung, er manifestiert sich – in ihr. Er ist im Fluß, in den Bergen; in Göttern und Dämonen und – im Menschen. Alles, was dich umgibt, ist in letzter Konsequenz Sein, reines Sein, Brahman:

AYAM ATMAN BRAHMAN.[1]

Wie also solltest du uns verlassen, wenn wir doch in Wirklichkeit eins sind? Wer verläßt wen? – Es ist ein Traum! Die Einheit des Seins ist kein leeres Gerede! Sie ist völlig real! Hier und jetzt! Du mußt nur endlich die liebgewordenen Träume fahren lassen: Wach auf! Ich weiß, für viele – vor allem im Westen – ist die Erleuchtung ein intellektuelles Spiel, bestenfalls eine ferne Möglichkeit künftiger Geschlechter, etwas, auf das wir uns zubewegen. Ein Fixstern am nächtlichen Himmel! Strahlend, doch unerreichbar. Aber das ist nicht so! Erleuchtung ist stets hier und jetzt! Du mußt es nur wollen – und alles Trennende wird fallen, sich auflösen wie Frühnebel in den ersten Strahlen der Sonne!
Wenn du meditierst, wenn du eins bist mit deinem ureigenen Wesenskern, bist du eins mit dem Sein. Verbunden mit der ganzen Schöpfung. Meditiere – und nichts trennt uns mehr! Nicht einmal der Tod! Was sind da schon die paar Kilometer zwischen Asien und Europa?«

1 Dieses Selbst ist Brahman

Er lacht auch den letzten Funken Wehmut fort, lädt mich ein, wiederzukommen – »wenn du schon fortgehst«. Dann gehe ich mit ihm in seine Hütte, zum Abenddarshan, zum letzten Mal.
Es ist längst dunkel, als ich durch den nächtlichen Wald stolpere. Uttar Kashi entgegen, dem Tourist Bungalow, den belebten Gassen der Stadt. Seltsamerweise bleibt die Angst aus, im nächtlichen Dschungel. Seltsamerweise strauchle ich kaum, verirre ich mich nicht. Kaum zehn Meter neben der Quelle, an der ich mich in den letzten Tagen orientiert habe, erreiche ich die Straße, die aus den Bergen zur Ganga führt, folge ihr ein letztes Mal zu einem späten Dinner in einem der Tandoorie-Restaurants der Altstadt.

Am folgenden Morgen gehe ich zu einem der unzähligen Yatra-Offices, den Vermittlungen für Pilgerreisen. »Back to Rishikesh? – No problem! There are a lot of busses.«
Und so sitze ich wieder einmal eingeklemmt zwischen glücklich schwatzenden Pilgern, die nicht müde werden, sich wieder und immer wieder ihre Erlebnisse zu erzählen, in allen Sprachen dieses riesigen Landes: Urdu und Bengal, südliches Tamil und Malayam, Hindi, Punjabi und Garhwali und ab und zu Englisch, wenn sie sich in ihrem babylonischen Sprachengewirr nicht mehr verstehen. Rajasthanis in grellbunten Gewändern. Sikhs mit Turban und Dolch, kleinwüchsige, dunkle Drawiden, ein paar westlich gekleidete Geschäftsleute aus Delhi: sie alle unterwegs, um Verdienst zu erwerben für eine bessere Wiedergeburt in einem anderen Leben. Es ist schon Nacht, als wir in Rishikesh ankommen. Die Kuhdungfeuer schwelen am Straßenrand, rußschwarze Petroleumlampen werfen ihre Schatten auf löchrige

Zeltbahnen, elektrisches Licht glimmt hier und da in schwachen Birnen. Nur die Eingangshalle des Inderlok Hotels scheint vor Licht fast zu bersten.
Mitternacht ist schon lange vorbei, der Ashram ist sicher längst schon geschlossen, und so beende ich meinen Ausflug in der Manier der Sahibs: eine Nacht im ersten Haus am Platze, dem Inderlok Hotel, Rishikesh. Air-conditioned rooms im western style.

Nach einem Continental-Breakfast – Rührei und Toast und Marmelade und Tee – mache ich mich am nächsten Morgen auf zu *meinem* Ashram, Rishikesh hinter mir lassend, die gar nicht mehr heilige »City of the Saints« mit ihren ständig hupenden Taxis und Rikshas, dem Schreien der Händler und dem Hämmern der Schmiede, mit all dem Gestank und Unrat und Müll. Die paar Kilometer von Rishikesh nach Muni-Ki-Reti führen in eine andere Welt – vor allem, wenn man der Ganga folgt, stromaufwärts, vorbei an vereinzelten Ashrams und Tempeln, im weichen Ufersand, über Geröllhalden, mit Blick auf im Dunst verschwimmende Berge am anderen Ufer, die Ausläufer der Himalayas, Dschungel.
Am Ortseingang von Muni-Ki-Reti verlasse ich das Flußbett, klettere die Uferböschung hoch, um zur Brücke zu kommen, die den Fluß überspannt. Vorbei sind die Zeiten, als man nur mit einem der Fährboote übersetzen konnte und deshalb nur wenige Pilger die Ruhe auf der »anderen Seite« störten. Heute herrscht ein ständiges Kommen und Gehen: Pilger und Bettler und Kühe und Photographen und Händler – ein nicht endender Strom. Allerdings nur auf der »Hauptstraße« zu den großen Tempeln und zu Choti Walla. Biegt man an der Brücke nach links ab, stromaufwärts, läßt man schon bald auch diese letzten Ausläufer des Pilgertourismus

hinter sich und ist allein, allein mit sich und seinen Gedanken in diesem »gateway to the territory of the gods«. Die Wache am Eingang verbeugt sich mit gefalteten Händen, der junge Nepali fragt, wo ich die ganze Zeit gesteckt habe, ein paar der Älteren, die auf den Steinbänken im Garten sitzen, senken leicht den Kopf zur Begrüßung: Ich bin wieder daheim. Auch mein Zimmer begrüßt mich mit altem Weihrauchgeruch und dem hastigen Schaben der Kakerlaken auf Beton, als ich das wuchtige Vorhängeschloß entriegele und die Tür öffne, die Fensterläden weit aufstoße, um frische Luft in das abgestandene Dämmer zu lassen. Ashrama! – Wo gibt es Vergleichbares im Westen?
Bei aller Einfachheit und manchmal – leider – auch allem Dreck. Du nimmst dir ein Zimmer, irgendwo, in irgendeiner Stadt. Und mit dir wohnen hundert andere, von der gleichen Idee erfüllt, und doch jeder für sich. Du bekommst dein Essen, kannst tun und lassen, was du willst, und was bezahlst du dafür? – Ein paar Rupies, Pfennige nach westlichem Geld. Und dann machst du dich in aller Ruhe auf die Suche, auf die Suche nach dir selbst.
Ich packe meine Tasche aus, weiche Dhoti, Kurta und Pant, den Shawl in dem alten Blecheimer unter der Dusche ein, nehme mein Schreibzeug, die Hatha Yoga Pradipika und mache mich auf den Weg zu Vedantanand. Er arbeitet im Garten, nackt wie gewöhnlich. Krishnanand sitzt auf seiner Pritsche und liest, während der alte Shyam Gosh mit ein paar Schülern diskutiert. Ich setze mich zu ihnen auf die Veranda, nachdem ich den Swami begrüßt habe, und arbeite an meinen Aufzeichnungen. Krishnanand bringt heißen Çai und setzt sich zu mir. Wo ich so lange gewesen sei? Uttar Kashi?
Er schwärmt von den Tempeln dort, die ich kaum beach-

tet habe, die genau denen des »echten« Kashi (Benares/Varanassi) entsprechen, dem Pilgerweg, der von dort zu den Quellen der heiligen Ströme Ganges und Yamuna führt. Aber auch dieses Mal habe ich es wieder versäumt, mir »Verdienst zu erwerben«, indem ich Gangotri und Yamunotri besuche, aber das nächste Mal, ganz sicher!

Immer wieder bin ich darauf gestoßen: MUDRAS. Aber während ich sie nur als rituelle Handbewegungen kennengelernt habe, müssen sie noch eine ganz andere Bedeutung haben. Die Hatha Yoga Pradipika widmet ihnen ein eigenes Kapitel und bezeichnet sie als äußerst wichtig für die Erweckung der »Schlangenkraft«, der Kundalini, der Energie, die am Ende der Wirbelsäule ruht und darauf wartet, durch Yoga-Übungen zum Leben erweckt zu werden.

Wenn die schlafende Kundalini durch die Gnade eines Guru geweckt wird, dann werden alle Knoten in den Chakras durchbrochen.

Die Shushumna wird zum Hauptkanal für den Fluß von Prana, der Geist wird frei von allen Beziehungen zu den Objekten, und der Tod ist besiegt.

Daher sollten die Mudras, um die Gottheit zu wecken, die am Eingang der großen Pforte schläft, sorgfältig ausgeführt werden.

Diese Mudras sollten unbedingt geheimgehalten werden, so wie man seine Dose mit Juwelen geheimhält, und sollten unter gar keinen Umständen jemandem weitererzählt werden, so wie Mann und Frau ihre Beziehungen geheimhalten.[1]

1 Hatha Yoga Pradipika III/2,3,5,9

Ich frage Krishnanand nach diesen Mudras, zeige ihm das Kapitel in der Hatha Yoga Pradipika, aber er nickt nur immer wieder, zieht die Augenbrauen hoch und deutet mit einer leichten Kopfbewegung auf Vedantanand, der nackt im leichten Nieselregen seine Hacke schwingt.

Als Vedantanand sein Beet bestellt hat, legt er sich auf seine Pritsche, fragt nach meinen Erlebnissen der letzten Tage, während er sich von zwei Schülern mit Öl massieren läßt. Auch Krishnanand und ich ölen uns ein, massieren den Körper, um ihn auf die folgenden Asanas vorzubereiten.

Nach Asanas und Pranayama, nach unserem täglichen Bad in der Ganga setzt sich der Swami in seinen alten hölzernen Lehnstuhl, lächelt sein zahnloses Lächeln, nickt zustimmend zu meinen neuen Übungen, die ich ihm zeige. »Tik he. Atscha!«[1]

Auch Krishnanand lächelt beifällig, sagt etwas zu Vedantanand, das ich nicht verstehe, und deutet auf meine Hatha Yoga Pradipika.

Vedantanand nimmt den dünnen Band, berührt damit leicht die Stirn, bevor er ihn aufschlägt; dann nickt er mir auffordernd zu, meine Fragen zu stellen.

»Swamiji, täglich üben wir Asanas und Pranayama. Auch verschiedene Kriyas hast du mir gezeigt. Pratyahara und Dharana, die Anfänge der Meditation, auch bei Advaitananda in Uttar Kashi übten wir nie etwas anderes. Doch in der Hatha Yoga Pradipika wird die Wichtigkeit der MUDRAS zur Erreichung des Ziels besonders hervorgehoben. Warum lehrt Ihr sie nicht? Ist es deshalb, weil die Pradipika ihre Geheimhaltung so betont? Bin ich nicht oder noch nicht reif für diese Siegel des Yoga?«

---

1 Schön. Gut so!

Vedantanand lächelt. »Geheimhaltung! Die Alten hielten viel von Geheimnissen. Sie waren oft richtige Geheimnis-Krämer. Und sicher ist Yoga nichts, das man einfach so auf dem Markt anpreisen sollte, wie es anscheinend bei euch im Westen oft geschieht. Dazu ist die Verantwortung für den Lehrer zu groß. Aber wenn jemand wirklich lernen will, warum sollte man etwas vor ihm geheimhalten?

MUDRAS!! Was sind Mudras? – Du hast sie schon kennengelernt, als Gesten, die eine symbolische Bedeutung haben, aber auch die Energie in deinem Körper in eine bestimmte Richtung lenken können. Viele glauben auch, daß das Ausführen einer bestimmten Geste, die Qualität verleiht, die sie symbolisiert. So benutzt man die Mudra der Weisheit, um Weisheit zu erlangen, die Mudra der Friedfertigkeit, um Körper und Geist zu befrieden usw. Einigen, die das Gelübde des Schweigens abgelegt haben, dienen die Mudras zur Verständigung, und die Hatha Yoga Pradipika betont einige Asanas, die besonders geeignet sind, die Kundalini zu wecken, und die unterschiedlichen Ströme Pranas im Körper zu harmonisieren. Diese Mudras verändern dein ganzes Wesen, sie drücken dir ihr Siegel auf, sie prägen dich – wie jede richtige Yoga-Übung. Viele dieser Mudras kennst du bereits, sie sind Bestandteil deiner Asanas, ohne daß wir sie besonders hervorheben. Nenne Sie Mudras oder Asanas, Kriyas oder Pranayamas – was sind schon Namen. Wichtig ist einzig und allein, daß du sie ausführst. Doch laß uns einmal sehen, welche Mudras die Hatha Yoga Pradipika beschreibt:

MAHA MUDRA, MAHA BANDHA, MAHA BEDHA, KHECHARI,
UDDIYANA BANDHA, MULA BANDHA, JALANDHARA BANDHA.

VIPARITA KARANI, VAJROLI und SHAKTI CHALANA. Dies sind die zehn Mudras, die Alter und Tod vernichten.[1]

Viele meinen, man müsse all diese Übungen – Asanas, Mudras, Kriyas, Pranayamas, Pratyaharas etc. – täglich durchführen, aber das stimmt natürlich nicht. Gut, wenn du einmal Zeit hast, Körper und Geist etwas besonders Gutes tun willst, mach ein paar Übungen mehr als in deiner täglichen Runde. Aber es gibt Meister, die nur zwei oder drei Übungen für die tägliche Praxis empfehlen, und auch das reicht. Die Hatha Yoga Pradipika ist eine Sammlung von Übungen, ein Medizinbuch zur Erreichung körperlicher und geistiger Freiheit, MOKSHA, ein Medizinbuch! Oder würdest du in der Dawa Khana[2] alle Medikamente auf einmal nehmen? Doch laß uns die einzelnen Mudras einmal näher betrachten, damit du nicht glaubst, ich verheimliche dir etwas oder handle auch mit Geheimnissen!

Wenn du die Mudras als gesonderten Bestandteil in deine täglichen Übungen einbauen willst, solltest du damit

1 Hatha Yoga Pradipika III/6,7
2 Apotheke

beginnen, die drei Hauptbandhas (Verschlüsse), die du auch bei anderen Übungen anwendest, nochmals bewußt zu praktizieren: Setz dich dazu am besten in Siddhasana (Vollkommene Stellung), atme aus, und wende dann Jalandhara Bandha, Uddiyana Bandha und Mula Bandha an (vergl. Kap. 6 Beherrschung der Lebenskraft, Drei Verschlüsse). Löse dann die Verschlüsse in umgekehrter Reihenfolge – zuerst Mula Bandha, dann Uddiyana Bandha, dann Jalandhara Bandha – und atme wieder ein. Diesen Zyklus solltest du zehnmal praktizieren. Das bewußte Ausüben der Bandhas wird dir bei den Mudras helfen!«

Das große Licht (Maha Mudra)

In der Hatha Yoga Pradipika steht über diese Übung:

Man preßt die Ferse des linken Fußes gegen den Damm, streckt das rechte Bein aus und umfaßt mit Daumen und Zeigefinger die Zehen.

Durch den Verschluß der Kehle (JALANDHARA BANDHA) wird die Luft nach unten gepreßt.

Große Übel und Leiden, ja selbst der Tod, werden durch diese Übung besiegt, deshalb nennen die Weisen diese Übung die »große Mudra« (MAHA MUDRA).

Es gibt weder Heilendes noch Schädliches; denn diese Mudra beseitigt die Auswirkungen aller Chemikalien (RASAS). Selbst die tödlichsten Gifte wirken dann wie Nektar.

Tuberkulose, Lepra, Mastdarmvorfall, Koliken und die

Anfälligkeit für Magenerkrankungen – all diese Leiden werden durch diese Mudra geheilt.[1]

Diese Maha Mudra verleiht den Menschen die SIDDHIS. Sie sollte unter allen Umständen geheimgehalten und nicht jedermann enthüllt werden.[2]

Was ist die Maha Mudra – diese »Große Mudra« - also anderes als eine unserer Zangenübungen, die JANU SHIRASANA, und die kennst du ja längst und weißt, wie wichtig sie ist.
In der Praxis haben sich zwei Arten der Mahamudra herauskristallisiert: die Art der »Bihar School of Yoga« und die Art, wie sie Iyengar empfiehlt. Du kannst beide nacheinander ausführen, so hast du die Segnungen von beiden.

Setz dich also in die »halbe Kopf-Knie-Stellung« (Janu Shirasana), drück während der gesamten Übung dein Knie fest gegen das Brustbein. Beim Einatmen wendest du gleichzeitig Vajroli und Mula Bandha an, beim Ausatmen entspannst du diese »Riegel« wieder. Das ist die Methode der Yoga-Schule von Munger in Bihar. Bei der von Iyengar empfohlenen Methode bleibt alles gleich, nur atmest du ein und wendest dann die drei Hauptbandhas an. Dann löst du sie in umgekehrter Reihenfolge – zunächst Mula Bandha, dann Uddiyana Bandha, dann Jalandhara Bandha – und atmest wieder aus.

1 Hatha Yoga Pradipika III/10,11,14,16,17
2 Hatha Yoga Pradipika III/18

Der große Verschluß (Maha Bandha)

Bei dieser Übung verbindest du SIDDHASANA mit den »drei Verschlüssen« und einer TRATAKÜBUNG. Die Hatha Yoga Pradipika schreibt hierzu:

Presse die linke Ferse gegen den Damm und leg den rechten Fuß auf den linken Oberschenkel.

Atme ein, drück das Kinn fest gegen das Brustbein, presse die Luft nach unten und richte deinen Geist auf den Punkt zwischen den Augenbrauen oder auf die Shushumna.

Halte die Luft so lange wie möglich an, dann atme langsam wieder aus.

So wie Schönheit und Lieblichkeit einer Frau ohne Mann nichts nützen, so sind Maha Mudra und Maha Bandha ohne Maha Bedha sinnlos.[1]

Die große Durchdringung (Maha Bedha)

Wer dieses schaut, schaut nicht den Tod,
er sieht weder Krankheit noch Leid.
Wer dieses schaut, schaut alles, was ist,
er erlangt alles überall.
Chandogya Upanishad

Die Maha Bedha Mudra dient dazu, Prana in den Shushumna zu pressen. Einige Yogis üben diese Mudra im Lotussitz, andere in der Halben Zange (Janu Shirasana).

1 Hatha Yoga Pradipika III/19,20,21,25

Die Hatha Yoga Pradipika geht bei dieser Mudra von Siddhasana aus.

Mit Maha Bandha sitzend, soll der Yogi mit gesammeltem Geist einatmen. Durch den Verschluß der Kehle (JALANDHARA BANDHA) werden die Bewegungen von Prana und Apana gestoppt.

Mit gleichmäßig auf dem Boden ruhenden Händen drückt man sich nun etwas vom Boden ab und schlägt mit dem Gesäß leicht auf die Erde. Die Luft, die die beiden Kanäle Ida und Pingala verläßt, fließt in den mittleren (SHUSHUMNA).

Die Ausübung dieser Maha Bedha verleiht große Kräfte (SIDDHIS), beseitigt Alter und graues Haar und erschüttert den ganzen Körper. Deshalb wird sie von den größten Meistern praktiziert.

Diese drei (MAHA MUDRA, MAHA BANDHA, MAHA BEDHA) sind die großen Geheimnisse. Sie besiegen Alter und Tod, regen den Appetit an und vollenden die Bestimmung der Seele (ANIMA)[1]

UDDIYANA BHANDA, MULA BANDHA und JALANDHARA BANDHA kennst du längst und benützt sie bei deinen Atemübungen. Verbinde Atem und Asanas, wende die »drei Verschlüsse« bei den entsprechenden Asanas an, dann entsteht eine MUDRA. Mudras und Asanas sind nichts Getrenntes, wie es nach den Texten der Hatha Yoga Pradipika erscheinen mag, ASANAS, PRANAYAMA und BANDHAS werden zu einer MUDRA kombiniert; deshalb habe ich sie

1 Hatha Yoga Pradipika III/26,27,29,30

bisher nicht besonders erwähnt, aber angewendet hast du sie längst – zumindest die wichtigsten.

Die umgekehrte Mudra (Viparita Karani)

Viparita Karani, die umgekehrte Haltung. Du weißt, wie pedantisch viele hier an Worten hängen, ja, an einzelnen Buchstaben sogar, auch oder gerade bei einer Sache, die so wichtig ist wie das Yoga. Was bedeutet nun Viparita Karani? Zum einen beschreibt der Name einfach die Übung: umgekehrt. Die einen üben sie im Kopfstand, andere im Schulterstand. Eines haben sie auf jeden Fall gemeinsam: der Körper wird bei dieser Übung grundsätzlich auf den Kopf gestellt, eben umgekehrt.
Aber das ist nicht alles. Karana heißt auch Ursache, viparita umkehren. Wir kehren also mit dieser Mudra die ursächliche Wirkung von Geburt und Tod und neuerlicher Geburt um. Wir streifen die kausalen Zusammenhänge unseres derzeitigen Lebens, entstanden in Abhängigkeit von früheren, ab. Wir drehen den Spieß um, wir wählen den Weg ins Leben, ins wirkliche Leben. Deshalb sagt auch die Hatha Yoga Pradipika über diese Mudra:

> Wer diese Mudra täglich ausübt, besiegt den Tod.[1]

Auch diese Mudra praktizierst du längst. Die Anweisungen in der Hatha Yoga Pradipika hierzu sind sehr knapp:

> Plaziere den Kopf auf dem Boden und die Füße nach oben, dem Himmel zu. Am ersten Tag nur eine Sekunde, dann verlängere diese Zeit täglich.[2]

---

1 Hatha Yoga Pradipika III/81
2 Hatha Yoga Pradipika III/80

Was ist diese Übung also anders als SHIRSHASANA, der Kopfstand. Andere Lehrer bezeichnen den Schulterstand (SARVANGASANA) als VIPARITA KARANI MUDRA. Beides sind umgekehrte Stellungen – beide praktizierst du.

Der Verschluß der Zunge (Khechari)

Auch diese Mudra führst du bereits aus. Du setzt sie bei deinen Meditationen ein. In der Maitrayani Upanishad steht über Khechari:

Wenn er die Zunge gegen den Gaumen umgebogen und seine Sinne von der Außenwelt abgelenkt hat, sieht er als Größe die Größe
und gelangt zur Befreiung von seinem eigenen Selbst.

Weil er von seinem eigenen Selbst befreit ist,
nimmt er an Freude und Schmerz nicht teil;
er gelangt zum Unbedingten.[1]

Die Hatha Yoga Pradipika schreibt:

Khechari ist erreicht, wenn man die Zunge nach hinten in die Kehle rollt und den Blick auf die Mitte zwischen den Augenbrauen richtet.[2]

Du kannst Khechari also gleichzeitig mit deinen Tratak-Übungen ausführen; aber auch als Einstieg in die Meditation, als Mittel für PRATYAHARA und DHARANA, das Zurückziehen und Fokussieren des Geistes, kannst du Khe-

---

1 Upanishaden, B. Diederichs Verlag, Köln, 1977
2 Hatha Yoga Pradipika III/32

chari einsetzen, indem du mit geschlossenen Augen den Punkt zwischen den Augenbrauen fixierst und die Zunge nach hinten in die Kehle rollst und versuchst, die Zungenspitze im Hals möglichst weit nach unten zu legen.

Die Hatha Yoga Pradipika beschreibt auch noch die Möglichkeit, Khechari dadurch zu vervollkommnen, daß man nach und nach das Zungenbändchen durchtrennt, um die Zunge zu verlängern. Aber ich halte von solchen Eingriffen nicht viel. Überhaupt wirst du schon bemerkt haben, daß wir RAJA-YOGIN nicht alles aus dem HATHA YOGA bedingungslos übernehmen. Wir übernehmen nur das aus den Disziplinen des Hatha Yoga, was uns zur Erreichung des Zieles notwendig erscheint. All diese Wunderkräfte und Kunststücke bedeuten einem Raja-Yogin nichts, ja weniger als nichts: Sie sind nur Hindernisse auf dem Weg zu Moksha, Kaivalya, der letztmöglichen Freiheit.

Die Mudra der Schlange (Shakti Chalana)

> So wie eine Tür mit dem Schlüssel geöffnet wird, so öffnet der Yogi das Tor zur Befreiung, indem er mit den Mitteln des Hatha Yoga die Kundalini erweckt.
>
> Die große Göttin schläft und bedeckt den Durchgang, durch den man zum Sitz Brahmas gelangt, der frei ist von allem Leid.
>
> Die Kundalini schläft im Wurzelchakra, um den Yogis Freiheit, den Unwissenden aber Knechtschaft zu bringen. Wer dies kennt, kennt das Yoga.[1]

1 Hatha Yoga Pradipika III/98-100

Du siehst, es geht immer um dasselbe: Erweckung der Kundalini. Die Ausführung dieser Mudra ist ebenfalls recht einfach: Du sitzt in deinem gewohnten Meditationssitz – die Hatha Yoga Pradipika empfiehlt den Diamantsitz oder den Lotus – aber auch SIDDHASANA ist bestens für diese Mudra geeignet. Du atmest tief ein, wendest JALANDHARA BANDHA, MULA BANDHA und VAJROLI an. Hier werden Prana und Apana vereinigt, die schlafende Kundalini, die göttliche Energie im Menschen wird geweckt. Dann löse die drei Bandhas, atme aus. Für mich ist dies die wichtigste Mudra, aber du führst sie längst aus: bei deinen Atemübungen.

Ida wird Göttin Ganges genannt, Pingala Göttin Yamuna. In der Mitte von Ida und Pingala befindet sich die kindliche Witwe, die Kundalini.

Die schlafende Schlange sollte geweckt werden, indem man sie am Schwanz packt. Durch die Kraft des Hatha verläßt die Schlangenkraft ihren Schlaf und beginnt ihren Weg nach oben.

Der Yogi, der im Diamantsitz (Lotus) sitzt und die Kun-

> dalini bewegt hat, sollte Bhastrika ausüben, um die Kundalini schon bald zu wecken.[1]

Du siehst also: Maha Mudra, Maha Bandha und Maha Bedha; Uddiyana Bandha, Mula Bandha und Jalandhara Bandha; Khechari, Viparita Karani und Shakti Chalana: all dies sind alte Bekannte – unter neuem Namen. Nur eine Mudra ist wirklich neu für dich: Vajroli.

Die Mudra des Blitzes (Vajroli)

»Bei dieser »Geste des Blitzes« siehst du am deutlichsten die Wurzeln des Hatha Yoga: sie liegen im Tantrismus. Zwar wird auch bei anderen Übungen immer wieder die Vereinigung männlicher und weiblicher Energie, Shiva und Shakti, Sonne und Mond usw. betont, doch sind dies nur Analogien im menschlichen Körper. Bei Vajroli ist dies anders: Hier setzt du die Sexualität ein, um den Aufstieg der Kundalini zu beschleunigen. Aber ich glaube nicht, daß diese Übung vielen gelingt. Für die meisten ist sie wohl eher eine gute Ausrede, um ihr Keuschheitsgelübde getrost brechen zu können. Es geht bei der Mudra des Blitzes darum, während des Koitus den Samen zurückzuhalten. Sie ist damit in ihrer ursprünglichen Form nur für Männer gedacht.

> Der Yogi, der seinen Samen bewahren kann, besiegt den Tod; denn der Tod kommt durch das Verströmen des Samens, und das Leben wird verlängert, wenn man ihn bewahrt.[2]

In dieser Technik Fortgeschrittene sind in der Lage, mit

1 Hatha Yoga Pradipika III/103,104,108
2 Hatha Yoga Pradipika III/87

ihrem Penis Flüssigkeiten aufzusaugen usw. Die Hauptwirkung ist jedoch die Anregung der Lebenskraft, wie sie sich in den Sexualorganen manifestiert.
Setz dich für diese Übung in irgendeine Meditationsstellung, z. B. Siddhasana. Konzentriere dich ganz auf deine Sexualorgane. Versuch nun beim Einatmen deinen Penis durch eine Kontraktion des Ausscheidungsapparats nach oben zu ziehen. Beim Ausatmen entspannst du die Kontraktion wieder. Das ist alles.

Alle diese Übungen sollten mit konzentriertem Geist ausgeführt werden. Ein Weiser gestattet seinem Geist nicht, umherzuwandern.

Er ist der wahre Lehrer und wird als Gott in menschlicher Gestalt betrachtet, der die Mudras lehrt, wie sie von Guru zu Guru weitergegeben wurden.

Wenn man sich der Praxis hingibt und Vertrauen in seine Worte hat, wird man die Kräfte der Seele (Siddhis) erwecken und den Tod besiegen.[1]

Doch für mich sind noch zwei Slokas der Hatha Yoga Pradipika bedeutsam.

Kein Erfolg im Raja Yoga ohne Hatha Yoga, und kein Erfolg in Hatha Yoga ohne Raja Yoga. Deshalb sollte man beide ausführen, bis der volle Erfolg erreicht ist.

Ohne Raja Yoga erscheinen weder Erde noch Nacht noch die Mudras, wie wunderbar sie auch immer sein mögen, schön.[2]

---

1 Hatha Yoga Pradipika III/120,122,123
2 Hatha Yoga Pradipika II/76, III/119

Zusammenfassung

Die MUDRAS sind eigentlich rituelle Gesten und Bewegungen, die beispielsweise zur Begrüßung verwendet werden. Im Yoga haben sie jedoch zusätzlich eine andere Funktion, denn auch sie dienen dazu, die KUNDALINI zu wecken, die kosmische Kraft im Körper, die in der Lage ist, einen großen Schub PRANA, also Lebensenergie, freizusetzen. MUDRAS sind in vielen Yoga-Übungen schon enthalten, können jedoch zur Verstärkung des Effektes den täglichen Zyklus sinnvoll ergänzen.

8 Auf den Spuren Buddhas

»Diese Übungen sind nicht für den Jahrmarkt bestimmt!« Vedantanand lehnt in seinem Stuhl, die orangefarbene »Babymütze« auf dem kahlen Schädel. Ich bin gekommen, um mich zu verabschieden, noch einmal seine Nähe zu spüren, diese Kraft, die von all denen ausströmt, die in sich ruhen, eins geworden sind mit sich und der Schöpfung, heilgeworden sind an Körper und Geist – heilig. Die Hatha Yoga Pradipika schreibt viel über all die »Wunderkräfte«, die Yoga verleiht. Und leider gibt es manche, die sich Yogis nennen, die Yoga dazu benützen, um Aufmerksamkeit zu erregen: Sie trinken Gifte, durchbohren sich mit Schwertern, ohne sichtbaren Schaden zu nehmen. Natürlich beweisen sie dadurch auch ein wenig die Macht des Yoga. Aber welchen Sinn hat all dies? Und so nehmen diese Leute meist doch Schaden – und nicht nur am Körper. Diese Übungen sind nicht für den Jahrmarkt! Wer sie mißbraucht, nimmt Schaden – an Körper und Geist. Dies hat mir Vedantanand einmal erklärt.

Eine seltsam unwirkliche Stimmung liegt über dem Fluß, als wir ein letztes Mal zusammen zur Ganga gehen. Vedantanand stützt sich auf meine Schultern, als wir die Steinstufen hinabsteigen – ein seltenes Zeichen von

Vertrautheit und Nähe, und mir kommen beinahe die Tränen, als er noch einmal den Morgenritus zelebriert, bis zu den Hüften im eisigen Ganges steht, das Wasser den vier Himmelsrichtungen darbringt und das dreimalige Eintauchen absolviert.

Alles verschwimmt in Nebel und Dunst, verliert seine Konturen, wird körperlos und verschwindet im Nichts. »Maya«, sage ich zu Swamiji.

Lange sieht er auf das Grün am jenseitigen Ufer, auf die kalkigen Umrisse der kleinen Tempel im Dschungel. »Warum sagst du Maya? Ist nicht der Grund allen Seins Brahman? Maya, Brahman – sie sind in Wirklichkeit eins!«

Nach dem Bad gehen wir am Ufer entlang. Immer wieder werfen sich Männer und Frauen vor ihm zu Boden, berühren seine Füße mit der Stirn. Darshan. Immer wieder bleibt er stehen, beantwortet ihre Fragen, fragt selbst: Mitgefühl und Güte.

Als wir zum Ashram zurückkommen, ist alles voller Unruhe und ungewohnter Hektik: Asutosh ist zu Besuch gekommen. Asutosh, mein Gurubhai, mein Bruderschüler aus früheren Tagen. Und wie ist er verändert! Ein Jahr in der »Welt«, dieser hektischen Betriebsamkeit der indischen Metropolen. Immer wieder faßt er mir an den

Arm, lacht, schlägt mir auf den Rücken. Immer wieder: »Und weißt du noch ...«
Als Swamiji mit dem üblichen Morgenunterricht beginnt, setzt er sich zu den Schülern, nimmt ein zerfleddertes Exemplar der Upanishaden und stimmt in den monotonen Singsang ein. Aber er kann sich nicht mehr konzentrieren, ist ständig auf dem Sprung, sucht dies und das, völlig sinnlos zumeist. Immer wieder ermahnt ihn der Swami, verbessert die Ungenauigkeiten seiner Aussprache, aber die Unruhe bleibt. Neben ihm bin selbst ich ein Vorbild an Ruhe und Konzentrationsfähigkeit.
Inzwischen fällt schwerer Monsunregen, und der Wind wühlt in fallendem Laub. Wir sitzen unter dem kleinen Vordach, schauen auf die Ganga und lauschen der Stimme Swamijis:

PURNAM ADAH
PURNAM IDAM.
AHAM BRAHMASMI.[1]

Soll ich all dies wirklich schon verlassen? Die Reise nach Benares kann auch noch ein paar Tage warten. Und so beschließe ich zu bleiben, ein paar Tage noch. Vedantanand nickt lächelnd, als ich ihm meinen Entschluß mitteile, und Asutosh strahlt. Er begleitet mich zurück zu meinem Zimmer im Swargashram, vorbei an der alten halbblinden Ma, die die Malas knüpft wie kaum eine andere. Vorbei am Wasserverkäufer, der seit meiner Ankunft immer Mineralwasser für mich auf Vorrat hat, dem Basari, der mich, kaum daß er mich sieht, zu einem Çai einlädt, all die Swamis und Sadhus – vertraut und altbekannt. Ein freundliches Lächeln, ein leichtes Neigen des

1 Dieses ist Fülle, jenes ist Fülle. Dein Selbst ist Brahman.

Kopfes: Weggefährten. Der Mercury-Yogi, dessen Rastalocken noch ein wenig länger sind als im letzten Jahr, Bahadur und Paramananda. Nur Brahmananda fehlt dieses Mal – er ist auf einer Pilgerfahrt nach Gangotri. Was tun mit meiner plötzlich gewonnenen Zeit? Asutosh rät, ein paar Tempel der Umgebung zu besuchen, Hardwar, Neel Khand. In Hardwar bin ich schon mehrmals gewesen, und immer hat mich der Pilgertourismus mit seinen Auswüchsen gestört. Aber wer weiß, vielleicht bin ich nur an den falschen Orten gewesen. Auf jeden Fall verschiebe ich den Ausflug nach Hardwar auf später, beschließe, zuerst nach Neel Khand zu gehen. Immer wieder habe ich in den letzten Tagen davon gehört: Neel Khand mit seinem berühmten Shivatempel. Oben in den Bergen. Fernab der ausgetretenen Touristenpfade. Neel Khand. Es klingt gut. Wie weit es ist, frage ich. Sieben, vielleicht acht Kilometer – von Luxman Jhoola aus. Aber immer bergauf! Sicher für heute schon zu spät. Und so verbringe ich den Nachmittag in meinem Zimmer.

Überhaupt bin ich in letzter Zeit immer lieber allein. Natürlich bin ich gerne bei »meinem« Swami, genieße ich die Gespräche mit Bahadur, freue ich mich über die Freundschaft, die hier überall wächst. Und doch: oft zieht es mich in mein Zimmer oder zu einsamen Spaziergängen. Und manches Gute kommt aus dem Alleinsein, dem »All-Eins-Sein«. Das Treiben an den Ghats und im Basar wird mir schnell zuviel. Und ich beginne langsam zu verstehen, daß es Menschen gibt, die Freude daran empfinden, sich jahrelang einmauern zu lassen wie die tibetischen Lung-Gom-Pas, allein zu sein mit sich selbst, sich selbst ausgeliefert zu sein – das letzte Abenteuer. Selbst den Abendsatsang bei Swamiji schwänze ich, gehe statt dessen an den Ufern der Ganga entlang, bis es Nacht wird. Eine letzte Runde Asanas in meinem Zimmer, nächtliche Meditation: Aham Brahmasmi.

Auch der Morgen begrüßt mich mit Regen. Ein nicht enden wollender Strom. Asanas, Pranayama, Pratyahara ... wie gehabt. Ein kurzes Bad in der Ganga, die noch höher gestiegen ist, noch ungestümer, noch wilder zwischen den Felsen tobt, ungezähmt, unbezähmbar – das Leben selbst.
Dann mache ich mich auf den Weg. Der Dhoti weht im leichten Wind; warmer Regen auf nasser Haut. In den Tempeln klingen die Zimbeln und Glocken. Dumpfer Gesang, das Schnarren eines Harmoniums. Halb fünf: Sandhya, wenn Tag und Nacht in der Schwebe sind, sich die Tür öffnet, zu einer anderen Welt.
Gesang wogt über der Ganga, nistet im nassen Geäst der Bäume, träumt in den Nischen der Tempel. Kerzen brennen an den Ghats, Räucherstäbchen, Kampfer vor Götterbildern entlang des majestätischen Flusses, Morgenpujas, Blütenopfer und Reis.
Bettler säumen in dichter Reihe die Ghats, warten auf ihre Morgengabe. Die Babas vor dem Vishnutempel bemalen sich die Stirn mit Sandelpaste, dem Zeichen Vishnus, des Welterhalters, des Allbarmherzigen. Ein langmähniger Sadhu schlägt die Trommel in gleichförmigem Rhythmus. Das Schnauben des schwarzen Bullen, der Tag und Nacht auf der Suche nach willigen Kühen durch die kotigen Gassen streift, bricht sich an den Buden der Çai-Verkäufer. Die ersten Rajasthanis. Bunte Saris, verschleierte Lippen, kühne Gesichter unter riesigen Turbanen.
Die frisch entzündete Holzkohle in den Garküchen qualmt, und der Rauch steht nebelgleich in der Luft, verliert sich, als ich die letzten Hütten hinter mir lasse,

allein mit dem Rauschen des Regens, der Blätter und der Ganga.

Etwas außerhalb treffe ich auf Paramananda, den Vedantin mit der wahrhaft universellen Bildung, und er setzt unser Gespräch exakt an der Stelle fort, an der es vor Jahren geendet hat: »Ich glaube, wir leben in einer Zeit globaler Frustration, ist es nicht so? Die Menschen überall auf der Welt haben vergessen, was dieses Menschsein bedeutet. Und so suchen sie hier und da (pikkin' here and there), aber sie tun es nicht ernsthaft. Du triffst kaum noch Menschen, die es ernst meinen. Keiner ist mehr bereit, für irgendeine Sache das eigene Leben zu geben. Aber genau das verlangt Vedanta von dir! Du mußt dein Leben geben, sonst bedeutet all dies nichts! Und so kommen sie aus dem Westen hierher, die eigene Religion bedeutet ihnen längst nichts mehr, und sie suchen – und finden - ein paar ›Wunder‹, ein paar Tricks. Was ist der Unterschied? Ich glaube, all diese Yogaübungen bedeuten in letzter Konsequenz nichts. Es kommt alles einzig und allein auf deinen ›Durst‹ an, nur darauf, auf sonst nichts.« Er starrt lange auf den Fluß. »Bist du bereit, dein ganzes Leben dafür aufzugeben? Dein ganzes bisheriges Leben?« Wieder starrt er schweigend auf den Fluß.
»Aber ich sagte es dir ja schon: es gibt keinen Menschen mehr, der es wirklich ernst meint. All dies ist gerade eine Mode. Nicht mehr. Eine einzige globale Frustration.«
Paramananda scheint stets in Eile. Wenn er einen seiner seltenen Gänge nach Muni-Ki-Reti oder nach Rishikesh unternimmt, um einen der Tempel oder Ashrams zu besuchen, stets flattert sein kurzer Dhoti, scheinen die ungewohnten Halbschuhe an den nackten Füßen im Stechschritt zu marschieren. Auch jetzt scheint er es ei-

lig zu haben, wieder in die Ruhe seines kleinen Hauses zu kommen.

»Für heute habe ich genug geredet. Aber besuch mich doch morgen, gegen elf, dann können wir uns eine Weile unterhalten.«

Paramanandas Leben folgt einem ganz bestimmten Plan: er redet täglich höchstens eine bestimmte Anzahl Worte, liest eine festgelegte Zeit. Das tägliche Bad in der Ganga, die Spaziergänge – alles unterliegt diesem Plan, der nur dem einen Ziel dient: Moksha, der Befreiung aus dem Kreislauf unzähliger Geburten. Doch trotz dieses völlig geplanten Lebens wirkt er nie verkrampft oder gezwungen; er ruht in sich und seinem Plan. Zu Beginn unserer Bekanntschaft bin ich zwar immer wieder verwundert gewesen, wenn er ein Gespräch unvermittelt beendet hat, grundlos scheinbar, um in schnellem Schritt zu seiner Hütte zu gehen, als erwarte ihn dort eine besonders wichtige, unaufschiebbare Tätigkeit, doch ich habe mich an diesen »Spleen« gewöhnt, wie an viele andere, mit denen manche der Swamis und Sadhus versuchen, ihr Ziel zu erreichen.

Er rafft seinen Dhoti hoch und marschiert zu seinem Haus, die Augen starr geradeaus, ohne auch nur einmal nach rechts oder links zu blicken, unbeirrbar, durch nichts von seinem Ziel abzubringen: letzte Konsequenz.

Vor Jahren hat er einmal Castaneta zitiert, als wir über Drogen und Bewußtseinsveränderung geredet haben:

»Nur wenn man diese Erde mit unerschütterlicher Leidenschaft liebt, kann man sich von seiner Traurigkeit befreien! Wichtig ist hier nur eins: unerschütterlich! Ich glaube nicht, daß es sehr sinnvoll ist, sich an diese Erde und dieses Leben zu klammern, von Leidenschaft ganz zu schweigen, aber Unerschütterlichkeit! Darauf kommt es an, darauf allein. Laß dich durch nichts erschüttern, dann hast du – vielleicht – eine Chance, das Abenteuer des Todes zu überleben.«

Ich folge dem Lauf der Ganga flußaufwärts, nach Luxman Jhoola – wohin sich Lakshman, der jüngere Bruder Ramas, vor Tausenden von Jahren zurückgezogen haben soll, um Buße zu tun – um auf dem Weg nach Neel Khand Baba Ram Dass zu besuchen, meinen Hatha-Yoga-Lehrer aus früheren Tagen. Zwar hat man mir schon im Ashram gesagt, daß er nicht mehr in seiner Höhle oben im Dschungel wohne, daß er vertrieben worden sei von den Bautrupps der Regierung wie auch so viele andere Yogis, die auf »Regierungsland« gewohnt haben. Vertrieben wegen des neuen Siedlungsgesetzes, mit dessen Hilfe die Regierung all die kleinen Hütten und Höhlen im Dschungel und in den Bergen beseitigen will, um Hotels zu bauen, aber ich kann es nicht glauben. Nicht in Indien! Hotels statt Yogis – niemals! Nicht hier, an den Ufern der heiligen Ganga, nicht inmitten all dieser Religiosität!

Aber er ist tatsächlich weg! »Baba Ram Dass? – He's gone.« Zuerst glaube ich aus den Stimmen der Alten in dem kleinen Tea-stall, in dem ich nach Ram Dass gefragt habe, nachdem ich seine Höhle leer und von ausgerissenem Dornengesträuch umzäunt vorgefunden habe, seinen Tod zu hören. He's gone. Die übliche Bezeichnung für den Tod eines Yogi, sein Hinüberwandeln in das Land des goldenen Lichts, sein Erwachen im wirklichen Leben: Mahasamadhi.

Aber nein, er sei nicht tot. Vertrieben! Von den verfluchten Bautrupps.

Also wirklich. Ich kann es nicht glauben. Dies alles gibt keinen Sinn! Wer will schon hierher? In Hotels? –

Wenn die Heiligen fehlen, die der einzige Anziehungspunkt dieser Orte sind.
»Soviel ich weiß, ist er nach Gangotri. Vielleicht läßt man die Leute wenigstens dort in Frieden. Hier findest du kaum noch Sadhus in den Bergen. Sie sind alle fort! Nur die deutsche Mataji lebt noch in ihrer Höhle am Berg. Sie trauen sich nicht zu ihr, wegen der Hunde.«
Ich frage noch einmal, wie weit es nach Neel Khand sei und lasse mir den Weg beschreiben. Etwa sieben Kilometer, vielleicht etwas mehr. Immer dem schmalen Weg nach, durch den Wald, bergauf. Aber ich glaube, diese Kilometerangabe ist ebenso falsch wie all die andern, die ich an diesem Tag noch erhalten soll. Überhaupt stehen die meisten Inder allem Exakten, vor allem aber allen Zahlen – sofern es sich nicht um Rupies handelt – seltsam indifferent gegenüber, gleichgültig ob es sich um Geschichtszahlen, Uhrzeiten oder Entfernungen handelt. Die Zahlen sagen ihnen nichts, und sie geben dir nur aus Höflichkeit eine Antwort – die dann natürlich meist nicht stimmt. Liegt es an den unterschiedlichen Recheneinheiten, denen sie im Laufe ihrer jahrtausendealten Geschichte unterworfen gewesen sind, diesem Rechnen in kos und Meilen und Kilometern? Oder liegt es an diesem völlig anderen Verhältnis zur Realität, die doch hier nur Maya ist, Täuschung und Schein? Woran auch immer es liegen mag – wehe man verläßt sich allzu fest darauf!
Ich jedenfalls unterliege wieder einmal meinem westlichen Vertrauen in die Autorität einer Zahl. Sieben Kilometer! Das bedeutet beinahe nichts. Wozu sich also mit Wasserflaschen und ähnlichem belasten? Warum noch frühstücken? – Eine gute Stunde, höchstens zwei, dann bin ich in Neel Khand und kann mich gemütlich in den Schatten setzen, essen, trinken.

Und der Rückweg? »Neel Khand Taxi milega?« fragte ich. »Neel Khand Taxi nahi he, ek or kilometer.«[1] Nun, das ist zu schaffen! Die ersten Kilometer folge ich dem Weg oder besser dem, was der Monsun davon übriggelassen hat. Bettler sitzen hier und da am Weg, Zigeunerinnen mit meterlangen Kobras oder Pythons. Doch irgendwann endet der Weg in einem Erdrutsch: Schotter und zerfetzte Bäume, Schlamm. Also folge ich einem alten Bachbett, höher und höher. Längst bereue ich diesen »Ausflug« ohne Proviant, vor allem aber ohne Wasser. Dann endlich entdecke ich eine kleine Getränkebude neben dem Bachbett.

»Soda he?« – »Nahi he!« – »Mineral water?« – »Ji nahi.« »Çai he?« – Ein entschuldigendes Kopfschütteln. »Pani!«[2]

Dann eben nicht! Die Angst vor einer Amöbenruhr ist immer noch größer als mein Durst, und so steige ich weiter in ewiggleichem Trott, nicht mehr der Bäume achtend, nicht mehr der Rufe der Pilger achtend, die sich im Dschungel brechen: »Shankaracharya ki jai! Bole Baba ki jai!«[3]

Der Berg scheint kein Ende zu nehmen, und hinter jeder Biegung des Weges lauern neue Gipfel. Schön und grandios und ehrfurchtgebietend und – deprimierend, wenn dir der Schweiß in den Augen brennt, der Magen revoltiert und du nicht weißt, woher du die Kraft für die nächsten Schritte nehmen sollst. Indien im August.

Nach drei oder vier Stunden sehe ich schließlich vom endgültig letzten Gipfel aus Neel Khand unten im Tal: ein paar Wellblechbaracken, ein Tempel, um eine riesige Pipal gebaut und ein kleiner Wasserfall. Ein paar

1 Gibt es in Neel Khand Taxis? In Neel Khand nicht, aber einen Kilometer weiter.
2 Haben Sie Soda? Nein. Mineralwasser? Auch nicht. Tee? Wasser!
3 Heil Shankaracharya! Heil Bole Baba (Shiva)!

Schutzdächer, unter denen Ritualgegenstände verkauft werden, säumen den Weg ins Dorf: Blumen, Reis und Räucherwerk. Aber es gibt nichts zu trinken! Wasser ja, vom nahen Bach. Auch Essen, scharf gewürzt mit Chillies, Kardamom, Kurkuma und Kumin. Aber kein Mineralwasser, kein Thumps up, keine Limca.

Aber es ist ja nur noch ein Kilometer bis zur Straße, zum nächsten Taxistand! Ich frage vorsichtshalber noch einmal in einer der kleinen Garküchen. »Taxis? – Sicher. Auch Busse! Eine halbe Stunde den Weg entlang!«

Und so wasche ich die brennenden Glieder im eiskalten Naß des Wasserfalls, besuche den Tempel und verneige mich vor ihm, vor Shiva, dem Mahayogin, dem Herrn allen Yogas – und lasse mich aufs neue auf den indischen Begriff der Zahlen ein.

Es sind ca. fünf Kilometer bis zur »Straße«. Doch hier beginnt erst das eigentliche »Abenteuer«. Völlig ausgestorben liegt die Straße in der sengenden Sonne, führt durch Geröll und Gestein talwärts. Ein kleiner Bach. Gestrüpp. Dann die ersten Ausläufer des Dschungels. Ein Wegweiser: »Luxman Jhoola 20«.

Sind das Kilometer oder Meilen? Ich weiß es nicht und werde es wohl auch nie wissen, denn mein Gefühl für Zeit und Raum ist mir auf diesem Durstmarsch durch die glühende Dschehenna längst abhanden gekommen. Nach ungefähr zehn Kilometern bin ich am Ende. Die Sonne steht schon tief. Meine Kehle fühlt sich an wie Sandpapier und brennt wie Feuer. Ich bin vollkommen allein mitten im Dschungel.

Hier in den Bergen ist er natürlich nicht so, wie man ihn aus den Filmen kennt: undurchdringliches, saftiges Grün. Lichter ist er, mit viel Unterholz und Gestrüpp, Bambus und Schlingpflanzen. Aber es gibt jede Menge

Schlangen – auch Pythons und Kobras –, jede Menge dieser giftigen kleinen Echsen, und selbst Tiger gibt es noch. Auch die Affen erscheinen mir, nun, da die Sonne sich langsam im Geäst verliert, nicht mehr niedlich und putzig. Die eben noch friedfertigen Gesichter verzerren sich, werden zu wütenden, schimpfenden Grimassen.
Ich setze mich auf einen Stein am Rand der Schotterpiste und erflehe ein Auto. Und tatsächlich, schon nach ein paar Minuten höre ich einen näherkommenden Wagen: Gottes indische Antwort auf meine Gebete.
Es ist ein Taxi. Ein alter Ambassador. Vollbeladen. Ein Platz neben dem Fahrer vielleicht noch frei – wenn man zusammenrückt. Der Fahrer öffnet die Beifahrertür, um mich einsteigen zu lassen. Aber seine Fahrgäste protestieren lautstark. Sie haben schließlich das ganze Taxi gemietet! Daß sich der Fahrer ein paar Extrarupies verdient, ist nicht vereinbart. Und so schließt er, bedauernd mit dem Kopf schüttelnd, wieder die Tür und verschwindet in einer Wolke aus Staub und Benzin um die nächste Wegbiegung.

Also trotte ich weiter, innerlich fluchend über diese Form der »Gastfreundschaft« – aber wer weiß, wieviel noch abzutragen ist an Schuld, die die Kolonisatoren auf uns gehäuft haben. Auch heute noch kommen allzuviele »Herren« in diese Länder und schüren Vorurteile und Haß.
Ein alter Mann trabt auf einem kleinen Pferd an mir vorbei, etwas später eine kleine Lastkarawane mit Sandsäcken beladen. Ansonsten Stille, ab und zu Geräusche aus dem Dschungel. Und die Sonne versinkt, versinkt in den Kronen der Bäume, des Unterholzes und verliert sich im Abgrund, erlischt. Es ist Nacht.
Ab und zu, wenn der Dschungel sich lichtet, sehe ich

Lichter im Tal, verstreute Dörfer, und bin kurz davor, von der Straße abzuweichen, um in einem der Häuser zu übernachten. Nur der ungewisse Weg durch den Dschungel hält mich auf der Straße. Nach einer weiteren halben Stunde höre ich erneut Motorengeräusch, halte an und sehe ein einsames Licht auf mich zukommen. Ein Motorrad! Ich stelle mich mitten auf die Straße, fuchtele mit den Armen, und tatsächlich: der Fahrer hält, läßt mich nach ein paar Worten aufsteigen. Aber schon bald weiß ich nicht mehr, was schlimmer ist: allein im Dschungel die Nacht zu verbringen oder mit diesem Irrwisch auf seinem Motorradwrack in eine der Schluchten zu stürzen. Ich klammere mich fest, mache die Augen zu und vertraue der Prophezeiung des Fortune-tellers, der mir einen friedlichen Tod geweissagt hat.
Endlich hält er an einem kleinen Gebirgsbach an und deutet auf den Weg vor uns: »Dschalo, dschalo!«[1] Die Fahrt ist zu Ende.

In der bleiernen Nacht gehe ich die letzten Kilometer. Die Innenseite der Schenkel ist geschwollen und brennt teuflisch. Die letzten Meter sind eher ein Stolpern – ich spiele die Rolle des Verdurstenden in der Wüste für mich selbst, und nie habe ich mich mehr über ein paar armselige Hütten gefreut als in dieser Nacht: Luxman Jhoola. Ich bestelle zwei Thumps up, lasse mich auf eine der Holzbänke vor dem kleinen Tea-stall fallen und betrachte im trüben Licht der Kerosinlampe meine Schenkel: krebsrot und lauter Blattern, groß wie Fünf-Mark-Stücke. Aber bis zu meinem Zimmer werde ich es nun wohl auch noch schaffen.
Als ich endlich wieder zu Hause bin, lasse ich mir noch

1 Gehen, gehen!

kaltes Wasser über Gesicht und Hände laufen und lege mich wie ich bin aufs Bett, zu müde, um zu duschen, zu müde, um irgend etwas zu tun.

Am darauffolgenden Morgen sind die Blattern alles andere als verschwunden. Sie sind etwas kleiner geworden – im Umfang! Dafür haben sie sich in der Höhe sicher verdreifacht und schwärzlich verfärbt wie Blutblasen. Beulenpest! Fleckfieber! Weiß der Himmel, welche Krankheiten mir meine irrwitzige Vorliebe für Asien eingebrockt hat! Warum nur liege ich nicht an irgendeinem schönen Strand? Toskana, Côte d'Azur. Irgendwo. Aber nein! Es muß unbedingt Indien sein. Indien!
Ich reibe die brennenden Stellen mit Desinfektionsmittel ein und betrachte mich im Spiegel. Auch auf dem Rücken zeigen sich die roten Pusteln. Allerdings kleiner, weniger zahlreich. Am schlimmsten sehen die Schenkel aus – und die Füße! Zehen und Spann eine schwarze Hügellandschaft; geronnenes Blut, wo ich im Schlaf die Blasen aufgekratzt habe. Noch mehr Desinfektionsmittel. Ein paar Pflaster. Mit meinem Schreibzeug gehe ich dann in einen der kleinen Tea-stalls, versuche etwas zu schreiben. Als der Wirt dies sieht, »verbannt« er mich in die letzte Ecke: »You will sit a long time!«

Und er hat recht. Ich sitze bei meinem Çai, lausche dem Trommeln des Regens auf dem Blechdach und schreibe, um mich etwas von dem Juckreiz abzulenken. Aber wehe, es setzt sich eine der unzähligen Fliegen, von den Kuhfladen des Weges kommend, auf eine der Pusteln! – Gewaltlosigkeit kann manchmal recht schwerfallen.

Gegen Mittag gehe ich zu Choti Walla. Halb Rajasthan

füllt den unteren Speiseraum mit fuchtelnden Händen und Geschnatter und Babygeschrei: genau das richtige für meine Stimmung! Ich setzte mich in den oberen Stock, wo es etwas leerer und ruhiger ist. Freshlime Soda. Die Lust auf Essen ist mir vergangen.
Die Steinbänke kühlen etwas das Brennen – zumindest, wenn ich oft genug den Platz wechsle – und so kann ich weiterschreiben, bis ein junger Inder zu mir an den Tisch kommt. Ob er sich setzen könne?
Perfektes Englisch. Oxford-Akzent. Langes schwarzes Haar, Christusbart, weite Kleidung. Er stammt aus Goa. »Aber Goa hat sich völlig verändert! Fünf-Sterne-Hotels. Große Limousinen. Mercedes. Keine Hippies mehr. All diese Hippies sind heute Manager. Sie waren immer die besten ihrer Zeit. Sie waren die Denker, die nur ihr Leben lebten! Sie werden immer ihr Bestes geben. Wenn sie wie Tiere leben wollen, tun sie es, und wenn es ihnen gefällt, reich zu werden, tun sie dies ebenso. Und deshalb kommen sie nun zurück – als Millionäre, um sich an die alten Zeiten zu erinnern.«
Als ich ihn nach all den Yogis frage, die früher an den Ufern der Ganga gelebt haben, erzählt er ein Gleichnis von Guru Nanak, dem ersten Guru der Sikhs: »Als Guru Nanak einmal auf einer seiner zahlreichen Pilgerreisen durchs Land zog, kam er durch ein Dorf. Da er schon seit Tagen nicht mehr gegessen hatte, bat er um ein wenig Nahrung, etwas Reis, ein paar Früchte. Aber es war ein finsteres Dorf: Dreck und Unrat an jeder Ecke. Und jeder schien mit seinen Nachbarn in Streit zu leben. Schimpfen und Keifen drang aus den ärmlichen Gassen. Niemand wollte dem Pilger etwas zu essen geben. Da faltete Nanak die Hände zum Gruß, verbeugte sich und sagte: ›Bleibt ihr nur alle schön hier; ich aber gehe weiter!‹ Etwas später kam er wieder an einem Dorf vorüber. Aber

welcher Unterschied! Alles war sauber, die Häuser frisch getüncht, die Dorfbewohner waren sich gut. Lachen und Kinderlärm scholl dem müden Wanderer entgegen, und alle boten ihm zu essen und zu trinken, soviel er nur wollte. Wieder faltete er die Hände und sprach: ›Geht hinaus und verteilt euch über die Erde!‹ Wer etwas zu geben hat, soll in die Welt ziehen, die anderen bleiben besser zu Hause.«

Ich gehe anschließend noch etwas an den Ufern der Ganga spazieren, reibe die Pusteln mit dem heilkräftigen Uferschlamm ein: schlimmer kann es jetzt auch nicht mehr werden! Ein alter Mann kommt neugierig näher, schüttelt besorgt den Kopf: »Evil tablets!«
Ich verstehe nicht, was er meint. Evil tablets – meint er damit die »bösen« Pusteln oder eine Medizin gegen das »Böse« (Evil)? Noch öfter sollte ich diesen Ausspruch hören: Evil tablets. Jeder, der meinen geschundenen Körper sieht, diagnostiziert treffsicher: Evil tablets.
Als ich am Abend zu Vedantanand komme, betrachtet er die Blasen und empfiehlt mir, keine Ölmassagen und kein Bad im Fluß mehr zu nehmen. »Dakter dschalo!«[1]
Und so sitze ich wieder einmal in der Alchemistenküche des Ayur Vedikers. Seine Gehilfen sitzen auf dem Steinboden und rühren in riesigen Eisenmörsern eine scharfriechende, ätzende Paste – Tag und Nacht, ohne Unterbrechung, wie mir der Arzt versichert – filtern, seihen und sieden Essenzen, die aus tausend Kräutern gepreßt sind. In den umliegenden Ashrams wird unter lautem Singen das Essen an die Wartenden verteilt: Bettler und Heilige, Swamis, Babas und Sadhus, alles wartet geduldig in einer langen Reihe, den Blechnapf in der Hand.
Der Arzt verschreibt mir eine Flüssigkeit, ein schwarzes

1 Du mußt zum Arzt gehen!

Pulver. »Das reinigt dein Blut. Die Pusteln kommen von einer Erkrankung des Blutes. Es wird einige Zeit dauern, bis die Medizin wirkt, aber wenn dich der Ausschlag zu sehr stört, geh ins Hospital, sie werden dir dort etwas Chemie geben. Sie beseitigt zwar nicht die Ursache deiner Krankheit, aber die Auswirkungen sind in ein paar Tagen oder Wochen vorbei.« Ein indisches Krankenhaus? Never ever!

Ein letzter Çai bei Choti Walla, meinem »Wohnzimmer«, während der Bulle wieder schnaubend durch die Straßen streicht, auf der Fährte irgendwelcher Kühe. Ich sitze und schreibe, genieße die frische »kühle« Luft des Abends, die noch ganz feucht ist vom Regen. Immer mehr Leute kommen auf einen Tee, ein kleines Abendessen, die Plastikmülltüten noch über dem Kopf als Schutz vor dem Regen. Auch ein Westler sitzt in einer Ecke an die Wand gelehnt, doch man beachtet sich hier kaum. Jeder hängt eigenen Gedanken nach.
Als das Dröhnen des Regens auf dem Blechdach aufhört, gehe ich die Ghats entlang. So ist es hier am schönsten, wenn die Lichter des Ashrams von Muni-Ki-Reti sich im Fluß spiegeln, die Bettler sich einen Platz zum Schlafen gesucht haben, und all den Abfall und Dreck eine gnädige Nacht verhüllt. Du siehst dieses Stückchen Erde, wie es wohl vor Jahrhunderten gewesen ist: Stätte der Heiligen, als ein paar Sadhus und Rishis hier auf der Suche nach der Einheit allen Seins an den Ufern der ewigen Mutter Ganga meditierten, eins mit der Natur, eins mit sich selbst, mit Gott. »Was hier ist, ist auch dort. Und Tod auf Tod erleidet, wer hier einen Unterschied sieht!« sagen die Upanishaden. Aber das indvidualistische Hirn weigert sich, diese Einheit allen Seins zu sehen.
Als ich am nächsten Morgen nach einer unruhigen

Nacht erwache, sind die Blasen prall wie vollgesogene Zecken. Vedantanand rät mir, ins Hospital zu gehen. Der Chefarzt ist ein alter Freund von ihm, das gibt den Ausschlag. Und so stehe ich nach unseren Morgenübungen in der Schlange der Wartenden neben Müttern mit greinenden Babys und Alten. Eiternde Augenhöhlen, Verkrüppelte: menschliches Sein und Elend.

Ich überbringe die Grüße Swamijis, und der alte Doktor strahlt. Nein, meine Krankheit sei nicht so schlimm: »Some blood desease! Some injection and it is over.« Aber ich habe die altertümlichen Spritzen schon in Augenschein genommen. Wer weiß, wie sich sein »it is over« nach einer Behandlung mit diesen Folterinstrumenten bewahrheiten wird? Ich schüttele den Kopf: »No injections!«

Dann müsse ich ein paar Tage bleiben. Zur Beobachtung. »Evil tablets.«

Eine junge Frau in einem abgeschossenen Sari bringt mich daraufhin in mein Zimmer. Vier Betten. Zerschlissene Laken. Dumpfe Hitze. Ein alter Mann schlurft müde herein, setzt sich auf eine der Pritschen. Mühsames Unterhalten. Ich sitze und warte, aber nichts geschieht. Das Zimmer füllt sich mehr und mehr mit der Hitze des Tages. Fliegen sättigen sich an meinem Schweiß. Gemurmel und Stöhnen aus einem angrenzenden Zimmer, Weinen.

Gegen Mittag kommt die Schwester wieder, winkt mir, ihr zu folgen: Tablettenausgabe. Ein Schalter, stoisches Warten, dann eine Pille, in Zeitungspapier gewickelt. Der Arzt bedeutet mir, sie zu schlucken, gibt mir etwas Mineralwasser, einen Zettel, mit Hindi-Schriftzeichen bemalt: mein Krankenblatt!

Dreimal täglich erscheine ich mit meinem Krankenblatt

in der Hand vor dem Schalter, zeige es, erhalte eine »Evil tablet« und trotte zurück zu meiner Pritsche, wo mich der Alte und die Hitze erwarten. Am Abend kommt der alte Arzt, betrachtet die Blasen, nickt befriedigt mit dem Kopf. Und tatsächlich: Schon nach zwei Tagen läßt das mörderische Brennen nach, bilden sich die Blasen allmählich zurück. Aber sie sollen mich noch bis nach Deutschland begleiten.

Als mich Asutosh einmal besucht, sage ich ihm, daß ich aus dem Krankenhaus wolle. Tabletten könne ich auch in *meinem* Ashram schlucken, und mehr geschieht im Krankenhaus ja nicht mit mir.

Er geht also mit mir zum Chefarzt, und dieser nickt lächelnd. Ich solle weiterhin die Tabletten einnehmen, Talkumpuder auf die Blasen auftragen und am nächsten Morgen wiederkommen. Dann schreibt er etwas auf einen Zettel, gibt ihn mir und schickt mich zur Medikamentenausgabe. Ein letztes Anstehen am Schalter, ein letztes Namaskar. Dann lüftet sich das Geheimnis um die Wundermedizin: Eine Schachtel Tabletten: Avil von Bayer.

Aber meine Zeit in Rishikesh geht unweigerlich zu Ende. Alles treibt mich fort – mit Ausnahme von Swamiji. Aber er wird mich wohl den Rest meines Lebens begleiten – heart to heart.

Ich gehe zu einem Yatra-Office, einem der »Reisebüros«, die Pilgerreisen organisieren. Eigentlich möchte ich auf dem Weg nach Delhi noch einen Abstecher nach Naini Tâl machen, nach Ranikhet und Almora, jenen Naturschönheiten im Kumaungebiet mit Seen und Zedern und dem ständigen Blick auf den Nanda Devi, den höchsten Berg Indiens. Aber es ist kein vernünftiger Preis zu erzielen, und allzuviel liegt mir dann doch nicht an die-

sem Ausflug. Die Infektion scheint mir alle Kräfte ausgesaugt zu haben; müde bin ich, lustlos und depressiv.
Auf einer Bank oberhalb der Ganga sitzt ein Sadhu: eine Kette aus allerlei Münzen um den Hals, tibetische Korallen, Türkis, nepalesische Rudrakshas; Armreifen und Ringe, den Dreizack Shivas über der Schulter. »Come sit Some Bhang?« Ich setze mich zu ihm, nehme aus Höflichkeit ein paar Züge aus seinem Chillum. Sein Schmuck ist Ausdruck seines Lebens auf den Wegen dieses Kontinents. Seit sechzig Jahren pilgert er durch dieses Land: Kashmir, Ladakh, Tibet, Nepal. Auch den Süden hat er bereist. Aber am liebsten ist er in den Bergen. »This India is finished!« sagt er ein ums andere Mal. »I have seen another India! When Englishmen where here, a whole meal was ohne Rupie. One Rupie! And now? – Look at these guys«, er zeigt auf ein paar durch die Gassen streunende Bettler. »Look at these guys! And our governement makes more and more of them. They are no Sadhus, just beggars. Sadhus never look for money!«
Dann bietet er mir an, mit mir nach Kedarnath zu gehen, Badrinath, Yamunotri und Gangotri, den Städten an den Quellen der heiligen Flüsse. Zwei Wochen wandern, übernachten am Lagerfeuer. Einsame Ashrams, von keinem Westler je gesehen! Es klingt verlockend. Aber auch dazu fehlt mir die Lust.
Nach einem Essen bei Choti Walla will er mir unbedingt *seinen* Ashram zeigen. Er ist etwas außerhalb des Dorfes, zwischen Muni-Ki-Reti und Rishikesh. Alte Männer im Rot der Mönche, kahlgeschoren. Auch eine alte Ma. An einer der Hütten eine Tafel aus Marmor: Donated by R.F. Niether, Berlin.

Es ist kurz nach sechs, als ich am nächsten Morgen aufstehe. Zum letzten Mal schlendere ich entlang der Ghats, sauge noch einmal Vertrautes, Bekanntes, Allzubekanntes in mich ein, überlasse mich der Wehmut des ewigen Abschieds. Die Wege stinken nach dem Kot der Nacht, die Bettler sitzen in exakter Reihe am Wegrand. Gläubige mit Blumen, Ghee, Räucherstäbchen und Früchten. Am anderen Ufer der Ganga beginnt Bahadur seinen täglichen Morgenspaziergang. Saris werden zum Trocknen in den Wind gehängt, die ersten Läden öffnen, Feuer werden entfacht, Tempelglocken läuten. Alles riecht förmlich nach Abschied: es wird Zeit zu gehen. Eine letzte Yogastunde mit Vedantanand, eine letzte Visite im Krankenhaus. Abschied. Und dann bin ich wieder unterwegs. Eine gute Zeit für die Reise: Neumond. Zuerst mit der Riksha nach Hardwar. Scharen von Hulmans säumen die Straße durch den Dschungel, Wasserbüffel, bis zu den Nüstern im Schlamm, ein Baum, übervoll mit Geiern: stechende, rollende Augen, mitleidlos auf ein sterbendes Kalb fixiert. Zwei Kinder auf einem Elefanten. Dann die Ghats der heiligen Stadt.

In irgendeinem Reiseführer habe ich von dem »bestechenden Charme« dieser Stadt gelesen. Aber entweder greift dieser Bericht Jahrhunderte zurück oder der Betreffende hat sie nie auf Armlänge erlebt. Ja, die Stadt hat Charme – aus der Ferne betrachtet, mit dem Zoom auf Blickweite gebracht: die Ghats, die Silhouetten der Tempel, die bunte Menschenmenge. Aber wenn man eintaucht in das Gewimmel der Stadt ... Die Bettler hier sind wirklich übel. Nicht zu vergleichen mit »meinen« Bettlern aus Muni-Ki-Reti! Sie verfolgen dich pausenlos, zerren an deinem Dhoti. »Bakshisch! Bakshisch!« Taxifahrer, Hotelbesitzer, Wirte: jeder versucht, dich zu übervorteilen, zu prellen, Gewinn zu machen in dieser »Heiligen Stadt«.

Ich flüchte mich in ein kleines Lokal, bestelle Çai, eine Kleinigkeit zu essen. Eine Horde westlicher Touristen fällt in das Restaurant ein. Eine seltsame Truppe! Alt und jung, Männer und Frauen, buntgemischt. Nie habe ich sie in solcher Phalanx gesehen. Der Kellner verfrachtet sie gleich in die hinterste Ecke. Ein Bus? Roteltours? – Einkäufe werden herumgereicht, Kameras erklärt. Gelächter.
Zurück in die Gassen an der Ganga, mit ihren Tempeln, Ghats und Blumenverkäufern – und Bettlern.
Schon bei meinem letzten Besuch hat mich diese Stadt enttäuscht. Die falsche, verlogene Frömmigkeit, all der Kehrricht und Schmutz in den Straßen, die Kakophonie der Taxis, die Rufe der Händler und Pilger, das wimmernde Kreischen ausgezehrter alter Frauen und greinender Babys, all der Gestank und Dreck. Das Tor Vishnus (Haris) – Haridwar.

Vivekananda hat einmal kurz vor seinem Tod gesagt, daß Indien um die Jahrtausendwende zerbrechen werde. Und er scheint recht zu behalten: Unruhen im ganzen Land. Unabhängigkeitsbestrebungen im Punjab, in Kashmir und Assam, Glaubenskriege in Ayodhya und Tamil Nadu. Unvereinbare Gegensätze: arm und reich, Hindu und Moslem, Brahmane und Paria. Ja, dies ist ein sterbendes Land! Als ich zum ersten Mal nach Indien gekommen bin, habe ich geglaubt, der Westen habe das Materielle und Indien die Spiritualität. Aber nun, nur ein paar Jahre später, merke ich, daß Indien auf dem besten Weg ist, auch den größten Teil seiner spirituellen Dimension zu verlieren. Vielleicht muß der Westen die Weisheit Indiens bewahren, um sie zu einem späteren Zeitpunkt zu ihrem Ursprungsort zurückzubringen. Die Regierung vertreibt die Einsiedler und Yogis aus ihren

Höhlen, an Stelle der Sadhus treten mehr und mehr Bettler. Formelhafte, inhaltsleere Religion, die mich an unsere Kirchen denken läßt, tritt an Stelle echter Erfahrung und Meditation.
Die Menschen haben ihre eigenen Wurzeln verloren, und den Westen, den sie ins Land geholt haben, verstehen sie nicht: Wir leben im Zeitalter Kalis.

Plötzlich stehe ich vor dem Gujri Mahal, einem kleinen Hotel in der Altstadt, das irgendwelchen Verwandten von Surreshs gehört. -»Wenn Du irgend etwas da oben brauchst, geh ins Gujri Mahal in Hardwar!« hatte Mr. Suresh mir beim Abschied gesagt. »Sie werden alles tun, was in ihrer Macht steht, um dir zu helfen, wenn du sagst, daß du von uns kommst. Meine Frau hat ihnen schon einiges von dir erzählt.«
Ich habe zwar eigentlich nicht vorgehabt, mich in diesem Netzwerk familiärer Bande durch Indien zu hangeln, allzeit behütet und verwöhnt und weitergeleitet quer durch diesen riesigen Subkontinent, aber das Schild lockt, mahnt, zwingt mich beinahe einzutreten, Staub und Dreck und Aufdringlichkeit hinter mir zu lassen: Gujri Mahal.
Kalk und rissige Dielenbretter, zerbrochene Schränke, türlose Zimmerhöhlen und zerbrochenes Glas: es wird gerade umgebaut. Als ich einem halbwüchsigen Waiter sage, wen ich sprechen will, starrt er mich mit offenem Mund und weit aufgerissenen Augen an. Dann verschwindet er ohne ein Wort zu sagen hinter diversem Gerümpel und läßt modrigen Holzgeruch und Staub zurück. Dann bebt der Raum: Bhabiji »flutet« herein. Das Klingeln unzähliger Armreifen, das Rauschen ihres Saris, schweres Parfum und schnelles, pausenloses, atemloses Reden: die Seele des Hotels. Etwas später kommt

ihr Mann: kleiner, schüchterner, ruhiger. Aber: nur er kann etwas Englisch. Ein wahrer Segen, nicht in diesem Meer von Worten ertrinken zu müssen. Er entschuldigt sich für die Unordnung und bittet mich in die Privaträume. Hier ist alles sehr sauber, voller Nippes und Flitter: die Wohnung wohlhabender Leute.

Ich *muß* unbedingt etwas essen, etwas Kühles trinken. Ich *muß* mich etwas ausruhen. Und danach *muß* ich auf »Verwandtentournee«. Wir fahren mit dem Chauffeur durch die verstopften Straßen Hardwars, trinken hier einen Tee, bestaunen dort ein neues Farbfernsehgerät, tätscheln kleine Kinder und verneigen uns ehrfürchtig vor Alten. Und dann *muß* ich die berühmten Tempel besichtigen: einer davon im Innern beinahe völlig mit Spiegeln verkleidet, Fahrstühle, Händler mit Devotionalien, Geschenkartikel, Süßigkeiten. In Kankhal ein Tempel zu Ehren der Satis, jener »ehrenwerten Frauen«, die ihren Ehegatten auf die Scheiterhaufen folgen, unzählige Ghats an den Ufern der Ganga, Pandits und Brahmanen, das Rot der Swamis und dazwischen – Haufen von Unrat und Kot und grunzende Schweine (!).

Erst spät am Abend kehren wir in die staubige Baustelle des Hotels zurück. Nein, ich möchte nichts mehr essen. Nein, auch nichts mehr zu trinken. Nur noch schlafen, schlafen, schlafen.

Der Boy zeigt mir das Bad, mein Zimmer, bringt mir frische Laken und einen letzten Çai, und dann bin ich endlich allein, endlich wieder einmal allein.

Am nächsten Morgen verabschiede ich mich in aller Frühe und schüttele den Staub und Dreck der »Heiligen Stadt« von meinen Füßen. Wieder versuche ich in einem Yatra-Office mein Glück, um vielleicht doch noch nach Naini-Tal oder Almora zu kommen. »Naini Tal? Ranikhet. Alomora? – Sure!« Ich frage nach dem Preis. »Oh, not too expensive. 3 000 Rupies.« Beinahe 400 Mark! Auch in den anderen Pilgerbüros ist es nicht billiger, und ich will möglichst rasch weg. So besteige ich also den Bus nach Delhi, fahre Stunde um Stunde durch die beinahe beängstigend fruchtbare Ebene: Zuckerrohrfelder und Reis, Bananen und Palmen, Vogelschwärme, Vieh, Wasserbüffel. Ab und zu ein Elefant, schwerbeladen. Ein Kamel vor holprigem Wagen. Kreisende Geier. Jeder Tümpel quillt über vor Fruchtbarkeit – wie die Bevölkerung.

Die Natur verströmt sich hier, in der weiten Schwemmlandebene der Ganga. Vieles wird geboren – weil vieles stirbt. Doch dieses Gleichgewicht ist nun aus den Fugen: westliche Medizin, Entwicklungshilfe. Der Natur fehlt die Zeit, sich anzupassen, auch den Menschen. Und dann, nach Stunden, die weitesten Ausläufer Delhis, die ersten Grüße, die beinahe jede größere Stadt dem Reisenden entbietet: stinkende Fabriken, Müllhalden, Slums.

Doch eine gnädige Dunkelheit verhüllt bald all die Armut, schützt das letzte Fünkchen Stolz und Selbstachtung und Intimität ihrer Bewohner.

Rikshas und Taxis und Skooter: Lichtkegel in tropischem Schwarz: darker than blue. Es ist schon spät, aber ich will es wieder einmal erleben: Delhi by night! Also nehme ich ein Zimmer im Yorks, Connaught Circus, K-Block 110 001. Sehr sauber, air-conditioned. Schwere Teppiche und gedämpftes Licht, ein riesiges Bett, viel zu weich nach all den Tagen auf meiner Holzpritsche. Ein marmornes Bad und Seife (!), noch verpackt, frische Handtücher, abgekochtes Wasser für Gesicht und Zähne, desinfiziertes Mundglas: Die Zivilisation hat mich wieder.

Duschen und frische Kleider, Meditation und ein kurzer Schlaf, in Watte gehüllt. Dann stürze ich mich in den Strudel der Stadt. Ein spätes Essen, das erste des Tages: Mixed Vegetables vom Grill, Reis und Rotis und Okras und Dal und Raita und ... Als ich das Restaurant verlasse, hat der Connaught Place wieder einmal sein Gesicht verändert: Die Prachtstraße des Tages, das Vorzeigeschaufenster Indiens ist zur Obdachlosensiedlung geworden. Kinder liegen ohne Decke auf dem blanken Asphalt, stillende Mütter unter den Arkaden, Krüppel, Bettler. Alle Armut dieser Welt, alle Hoffnungslosigkeit und Verzweiflung scheint sich hier ein grausiges Stelldichein zu geben: Delhi by night.

Als ich am folgenden Morgen das Hotel verlasse, liegen unter den Arkaden der Hotels und Juwelierläden noch die Überbleibsel der Nacht: ein paar alte Müllsäcke, schäbige Essensreste, eine tote Ratte, an der die Krähen zerren.

Langsam erwacht die Stadt. Ein Elefant mit zwei Kindern im Nacken trottet über die Straße, die Verschläge der Läden werden geöffnet, ein kleiner Zug streikender Weberinnen zieht zum Parlamentssitz. Ein Rudra-Verehrer mit wirrem Haar und Ketten aus Menschenknochen um Arme und Hals, mit aschebeschmierten Schädelplatten geschmückt und irrem Blick stolpert durch die Jan Path, und dann: Regen, herrlicher, frischer Regen. Die ganze Stadt badet förmlich in Frische. Man sieht kaum zwanzig Meter weit, so dicht ist der Wasserschleier, der allen Dreck und Dunst auswäscht. Ich kaufe mir eine Zeitung, die ersten deutschen Worte seit langer Zeit, flüchte in eine Riksha und fahre vorbei am Indira-Gandhi-Stadion, vorbei an der verrußten Dreckschleuder des neuen Elektrizitätswerkes, den Verwaltungsgebäuden der Regierung, dem Nehru-Stadion und bin wieder daheim: in Neeti Bagh.

Doch nur für ein oder zwei Tage, ich will weiter, nach Patna, Varanassi (Benares), Bodh Gaya. Immer weiter, auf den Spuren Buddhas, die Berge hinter mir lassend, unterwegs zu den heiligen Städten der Ebene. Und so folge ich der Ganga stromabwärts, Zahnbürste, Seife und frische Wäsche in meinem Beutel, zwei Bücher: die Hatha Yoga Pradipika und Impossibilities Challenged. Dies ist das Werk eines unbekannten Verfassers, das mir Shyam Gosh ans Herz gelegt und geschenkt hat.

9 Die Übungen 4. Teil – Samadhi, Die Blüte des Yoga

Nun werde ich eine Methode beschreiben, wie Samadhi erreicht werden kann, der den Tod überwindet, die Quelle allen Glückes ist und die Seligkeit Brahmans verleiht.[1]

Seit ein paar Tagen bin ich nun schon in Bodh Gaya, und welcher Platz auf Erden ist wohl besser geeignet, tiefer in das Mysterium der Meditation einzudringen, als dieser heiligste Platz des Buddhismus, wo Siddartha, der Prinz aus dem Geschlecht der Shakya, Erleuchtung erlangt hat, erwacht ist aus dem jahrtausendelangen Traum, eins geworden ist mit dem eigenen unsterblichen Selbst, Buddha.

Tempel, von Gläubigen aus aller Welt erbaut, gruppieren sich hier um ihre Mitte: den MAHA BODHI MANDIR, den ältesten buddhistischen Tempel, der in seiner Urform von Ashoka im dritten Jahrhundert vor Christi erbaut worden ist, und daneben, heiliger noch: der Bodhibaum, ein direkter Sprößling des Baumes, unter und nahe dem Buddha 49 Tage verweilte, so lange, bis er alle Rätsel des Lebens gelöst hatte, frei geworden war vom ewigen Kreislauf der Wiedergeburten: die vier edlen Wahrheiten, der achtfache Pfad.

---

1 Hatha Yoga Pradipika, IV/2

Buddhastatue in Bodh Gaya

Es ist gerade keine Pilgersaison – es ist viel zu heiß und zu feucht. Ein Bihari hat einmal zu mir gesagt: »In Bihar ist immer alles zuviel: Wenn es kalt ist, ist es viel zu kalt, und viele Menschen sterben; wenn es regnet, regnet es so, daß alles überschwemmt ist, und wieder sterben viele; und wenn es heiß ist, ist es so heiß, daß die Sonne viele tötet. Du siehst, in Bihar gibt es alles, und von allem zuviel.« Und so habe ich den Tempelbezirk beinahe für mich. Ein paar Einheimische, ein paar Mönche – keine Bettler. Ich sitze oft unter dem Bodhibaum oder im kühlen Schatten eines der vielen Tempel, betrachte die Wandmalereien, die immer wiederkehrend das Leben Siddartha Gautama Shakyamunis darstellen, des historischen Buddhas, begleitet von Buddhas früherem Weltenzeitalter und den noch kommenden. Chinesische Ikonographie und auch thailändische, burmesische Tempel, japanische Gigantomanie und die strahlende Einfachheit Tibets. All das vereinigt sich hier.
Und hier treffe ich auch ihn, meinen letzten Lehrer auf dieser Reise. Ja, mehr noch: einen Freund, einen Wegbegleiter, der den Weg mit mir gehen wird – wenigstens ein kleines Stück.

Ich sitze im Tempel des tibetischen Klosters und betrachte das Leben Buddhas: ein Bilderbuch auf gekalkter Wand. Das Wunder seiner Geburt, die sieben Schritte des Neugeborenen, sein wohlbehütetes Leben als Prinz, seine Hochzeit, die vier Ausfahrten. Und schließlich die Geburt seines Sohnes, Rahula, das nächtliche Verlassen des Palastes, das Abschneiden der Haare. Ein Buch ohne Buchstaben, ein Wegweiser für die einfachen Leute, Ermahnung und Erbauung zugleich. In seinen eigenen Worten:

»Und so fuhr ich mit Chandaka, meinem Wagenlenker, heimlich aus dem Palast, an vier aufeinanderfolgenden Tagen.

Am ersten Tag sah ich einen alten Mann, abgelebt, gekrümmt wie ein Dachsparren, gebückt, auf eine Krücke gestützt, siech, mit abgebrochenen Zähnen, ich, der ich niemals Alter gesehen hatte.

Beim zweiten Mal sahen wir unterwegs einen Kranken, elend, schwerleidend, sich im eigenen Kot wälzend.

Als wir das dritte Mal ausfuhren, begegnete uns eine Leichenprozession: aufgeschwollener Leib, blauverfärbt, mit Eiter bedeckt. Und ich fragte Chandaka, ob auch mir all dies bevorstehe.

Doch bei der vierten Ausfahrt saß ein Sadhu am Wegesrand, aschebeschmiert, mit langem zottigem Haar, und so, ihr Mönche, ging ich, der ich jung und kräftig war, nachdem ich mir Bart und Haar hatte scheren lassen, nachdem ich die dunkelgelben Mönchsgewänder angelegt hatte, – ich ging aus dem Haus in die Hauslosigkeit.«

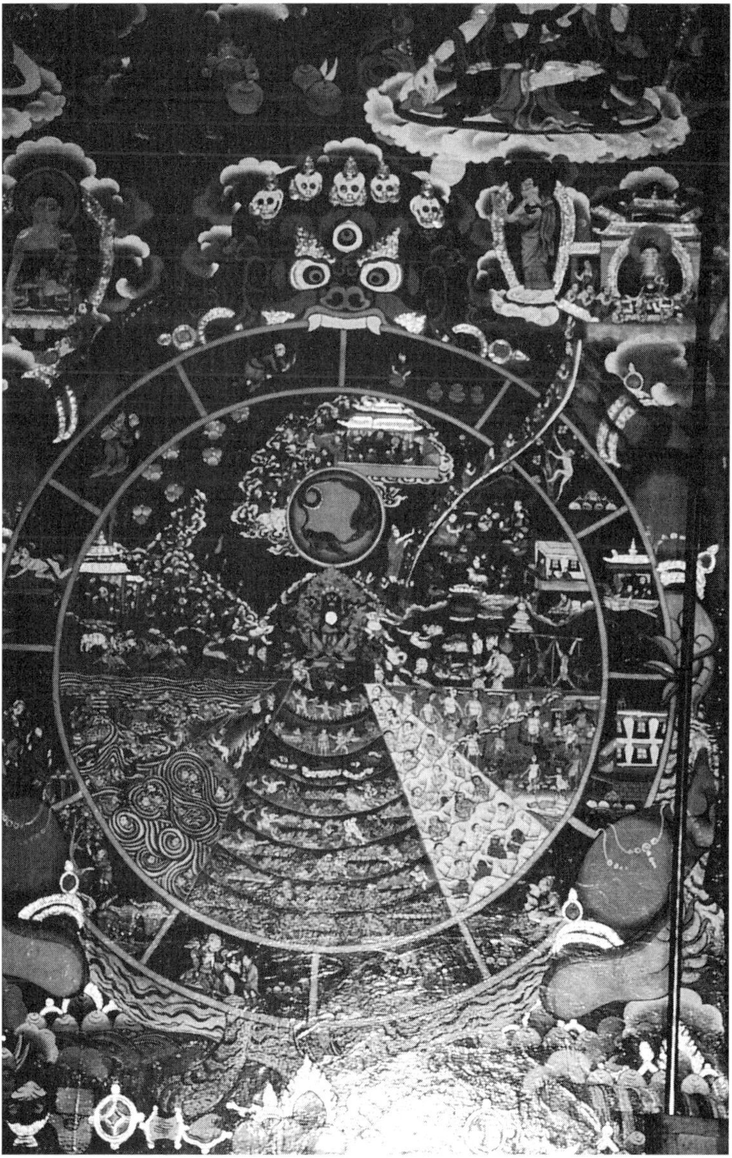

Buddhistisches »Lebensrad« in Bodh Gaya

Ein Rotgewandeter hatte sich neben mich gesetzt, geschorener Kopf, weiße Gebetskette: in den Fußstapfen Buddhas. Er zeigte auf die nächste Wand: Siddartha als ausgezehrter Mönch, mit hervortretenden Rippen und schließlich: »Bodh Gaya!«
Das Bild zeigt den Bodhibaum nahe den Ufern des Niranjara, die Erleuchtung, die endgültige Befreiung aus dem ewigen Kreislauf der Wiedergeburten. Er lächelt ein kindliches Lachen, sichtlich erfreut, daß es hier einem gelungen ist, Alter und Leid und Tod zu besiegen.

Er erklärt mir die weiteren Stationen im Leben der Erleuchteten und benutzt dabei die Wände des Tempels als Landkarte: die Versuchung durch Dämonen, die Begegnung mit seinen ehemaligen Weggefährten, die erste Predigt im Gazellenpark von Sarnath, das Wiedersehen mit Frau und Kind, die Aufnahme des Sohnes in die Gemeinschaft der Mönche und schließlich – sein Tod, das »stille Verlöschen« in Kushinagara.
Er bietet sich an, mir die anderen Heiligtümer in der näheren Umgebung zu zeigen, und so verbringen wir die nächsten Tage gemeinsam. Er zeigt mir die uralten Statuen aus vorbuddhistischer Zeit, die TRIMURTI – Brahma, Vishnu und Shiva –, die noch einmal für eine Zwischenperiode die Herrschaft über den heiligen Hain übernommen hat. Und wir meditieren gemeinsam an den sieben heiligen Plätzen, an denen Buddha die ersten sieben Wochen nach seiner Erleuchtung in tiefer Meditation verbracht hat: Jivanmukta, eins mit dem Unendlichen, ein »zu Lebzeiten Befreiter«.

Sieben Wochen verbrachte Siddhartha Gautama, der

Weise aus dem Geschlecht der Shakya, der »vollkommen Erwachte«, der Buddha, in der Nähe des Bodhi-Baumes, des Baumes der Erleuchtung. Jeweils sieben Tage an einer der Stellen, die heute zu den heiligsten Plätzen des Buddhismus zählen: der DIAMANTENE THRON unter dem Bodhi-Baum, wo der Prinz nach durchwachter Nacht im ersten Schimmer des Morgenrots erkannte, daß er seine letzte Existenz in der Welt der Erscheinungen erreicht hatte. Dies ist der Platz der Erleuchtung aller Buddhas, der buddhistische Nabel der Welt, der heiligste Platz der buddhistischen Welt. Der ANIMISALOCANA STUPA, wo er die zweite Woche verbrachte, stehend, in der Betrachtung des Baumes versunken, der ihm Schutz gewährt hatte auf seinem Weg zur Erleuchtung; das CHANKRAMANA CHAITYA, wo Buddha die dritte Woche, in tiefer Meditation auf- und abgehend, verbrachte; das RATANAGRAHA-Heiligtum, der NIGRODAH-Baum, unter dem er die fünfte Woche verbrachte, der MUCALINDA SEE, und RAJAYATANA.

Im Palikanon werden Buddha in der Lehrrede über die Grundlagen der Verinnerung (MAHA-SATIPATTHANA-SUTTANTA) folgende Worte zugeschrieben:

»Wer auch immer, Ihr Mönche, diese vier Grundlagen der Verinnerung sieben Jahre so pflegen würde, der mag von zwei Ergebnissen eines erwarten: entweder volles Wissen schon in diesem Dasein oder, falls noch Haften da ist, Nichtmehrwiederkehr [...] Mögen die sieben Jahre, Ihr Mönche, dahingestellt bleiben – wer auch immer, Ihr Mönche, diese vier Grundlagen der Verinnerung sieben Tage so pflegen würde, der mag von zwei Ergebnissen eines erwarten: entweder volles Wissen schon in diesem Dasein oder, falls noch Haften da ist, Nichtmehrwiederkehr ...«[1]

---

1 Auswahl aus dem Palikanon, Fourier Verlag, Wiesbaden, 1979

Sieben Jahre stehen mir zwar nicht zur Verfügung, aber warum nicht sieben Tage hier verbringen? Der Ort ist ruhig, friedlich, und Anagarika Nyanaloka, mein neuer Freund, ist ein sehr angenehmer Begleiter. Unsere Verständigung ist zwar nicht immer einfach, aber das bin ich schon gewohnt, und er kann zumindest ein wenig Englisch.

Die drei Geheimnisse (Triratna)

Wir haben inzwischen über meine Zeit in Indien gesprochen, Yoga, Meditationen. Und als er hört, daß ich vor allem Mantra-Meditationen ausübe, gibt er mir lächelnd das Mantra der drei Geheimnisse, der drei Kostbarkeiten. Zahlenarithmetik und Zahlenmystik spielen in den Philosophien Asiens eine große Rolle, und gerade der Zahl Drei kommt eine überragende Bedeutung zu: Dreigestaltig manifestiert sich das göttliche Brahman als Vishnu, Shiva und Brahma (Trimurti), drei Elemente regeln alle Körperfunktionen und bestimmen Gesundheit oder Krankheit und Tod (Tridosas), dreifach sind die Welten (Triloka), dreifach die Zuflucht (Trisharana) zu Buddha, Dharma und Sangha (dem Erwachten, seiner Wahrheit, seinem Orden), dreifach die »Fahrzeuge« zur Erreichung des Nirvana, dreifach die Körper eines Buddha (Trikaya), dreifach die Grundeigenschaften aller Erscheinungen der Schöpfung, dreifach ...

Die TRIRATNA-Meditation wird im tibetischen Buddhismus vielfach verwendet: bei der Weihe von Thangkas (religiöse Rollbilder) und Statuen, zur Beseitigung der drei grundlegenden Fehlerquellen, aus denn Leid und Tod entstehen (Begehren, Unwissenheit und Haß), zur

Visualisierung der drei Körper Buddhas, zur »Reinigung der Atmosphäre« usw. Sie verbindet – wie viele buddhistische Meditationen – Ritual und Versenkung, symbolhaftes Handeln und den Weg nach innen.

Das Triratna-Mantra besteht aus den drei Keimsilben OM, AH, HUM. Diese Silben entsprechen drei Chakren: Dem Scheitelzentrum (Sahasrara Chakra) als Sitz des Intellekts und des Begehrens entspricht die Silbe OM, die als weißes Licht erstrahlt. AH (Rotes Strahlen im Kehlkopfbereich) entspricht dem Kehlkopfzentrum (VISHUDDHA CHAKRA) als Sitz der Rede. Das blaue HUM hat seinen Sitz im Herzzentrum (ANAHATA CHAKRA) und beseitigt Unwissenheit und Unbewußtheit. Diese drei Silben stehen auch für Körper, Rede und Geist eines Buddha. Mit Hilfe dieses Mantras soll der Übende die buddhagleichen Eigenschaften dieser drei Merkmale erreichen; sein Geist wird gereinigt und auf die folgenden Übungen vorbereitet. Das Triratna-Mantra steht deshalb auch am Anfang vieler Initiationsriten. Ist diese Meditation demnach nicht gerade dazu geschaffen, meine Woche der Meditation hier in Bodh Gaya einzuleiten?
Die Trinität wird auch in der Durchführung der Meditation deutlich: Den körperlichen Aspekt verdeutlichen die Handhaltungen, die Mudras; die Mantras gelten als wirkungsvollster Aspekt der Sprache, und die Ebene des Geistes zeigt die Visualisierung. Körperbewegung, Handhaltung, Atem und Mantrarezitation werden zu einer Einheit. Der rastlose »Affengeist« kommt zur Ruhe, wird eins mit Mantra, Mudra und Atem und transzendiert schließlich auch diese, ruht in reinem Sein: Samadhi, Satchidananda, Nirvana.

Man sitzt im Lotussitz (oder Halben Lotus, Diamantsitz,

Siddhasana), die Hände ruhen mit den Handflächen nach oben auf den Knien, der Zeigefinger bildet mit dem Daumen einen Ring (JNANA MUDRA). Beim Einatmen spricht man nur leise die Silbe OM und dreht dabei die Handflächen nach unten, zur Erde. Man hält die eingeatmete Luft kurz an, führt die Fingerspitzen beider Hände zur Brustmitte und intoniert die Silbe AH. Beim folgenden Ausatmen spricht man die Silbe HUM und streckt Arme und Hände (die Handflächen nach oben) von sich, als gäbe man den empfangenen Segen weiter. Dann beginnt man von vorn. Nach ein paar hörbaren Rezitationen spricht man das Mantra leiser, bis es schließlich nur noch gedacht wird, die Hände ruhen in der Geste der Meditation, der DHYANA MUDRA, im Schoß. – Eine Variation dieser Meditation stellt die Verbindung von Triratna-Meditation und Shanti-Mudra dar. Intonation und Atmung verlaufen wie zuvor beschrieben, jedoch liegen die Hände zu Beginn ineinander im Schoß (Dhyana Mudra), dann führt man die Fingerspitzen in der JNANA MUDRA zur Brust, zum Abschluß eines Turnus werden Arme und Hände nach oben geöffnet.

Diese Triratna-Meditation bildet stets den Anfang meiner Meditationen. Mit der Zeit habe ich die ungeheure Ausstrahlung dieser beinahe liturgischen Handlung zu spüren gelernt, wenn Bewegung, Mantra und Atem eins werden. Die symbolischen Gesten bringen etwas in dir zum Schwingen; Körper, Geist und Umgebung verschmelzen. Du bereitest den Boden für deine weiteren Meditationen.

Die Grundlagen der Achtsamkeit (Satipatthana)

Dies, Ihr Mönche, ist der einzigartige Weg zur Reinigung der Wesen, zur Überwindung von Kummer und Jammer, zur Vernichtung von Leiden und Elend, zur Erreichung der rechten Lebensführung, zur Verwirklichung des Verlöschens – nämlich die vier Grundlagen der Verinnerung.[1]

Alle Formen buddhistischer Meditation haben im wesentlichen eines als Weg und als Ziel: Achtsamkeit. Und so wie auch Buddha eigentlich nichts völlig Neuartiges begründet hat, vielmehr schon Bestehendes benutzt und reformiert hat (jahrelang wanderte er als shivaitischer Sadhu durch Indien und unterzog sich den Disziplinen des Yoga), so sind auch diese Meditationsformen nichts völlig Neues, nichts ausschließlich Buddhistisches. Wir finden diese Grundgedanken ebenso in der christlichen Mystik des Mittelalters wie in den Praktiken des Yoga und des Tantra, deren Wurzeln weit in vorbuddhistische Zeit zurückreichen.
Vierfach sind laut dem Palikananon die Objekte der Achtsamkeit, obwohl viele Wissenschaftler annehmen, daß nur die Körperachtsamkeit auf Buddha zurückgeht,

1 Maha-Satipatthana-Suttanta, a.a.O.

während die anderen Formen der Achtsamkeit von späteren Lehrern in den buddhistischen Kanon aufgenommen worden sind. Diese vier Formen der Achtsamkeit oder Formen der Verinnerung sind:

- auf den Körper gerichtete Achtsamkeit
- auf die Empfindungen gerichtete Achtsamkeit
- auf das Denken gerichtete Achtsamkeit
- auf die Zustände des Geistes gerichtete Achtsamkeit

Das Ziel der verschiedenen Formen der Achtsamkeit ist stets das »stille Verlöschen«, das Aufgehen des individuellen Selbst im Absoluten, Nirvana:

Und unabhängig lebt er, und an nichts
in der Welt haftet er.[1]

Nach buddhistischer Auffassung weist alles »bedingt Entstandene« drei Merkmale (Trilakshana) auf:

- Anitya (Anicca)
- Anatman (Anatta)
- Duhkha (Dukkha)

Alles Leben ist vergänglich, Nicht-Selbst, leidvoll. Unter diesem Blickwinkel betrachtet man:

- Körper
- Empfindungen
- Geist (Denken)
- Geistobjekte

1 Maha-Satipatthana-Suttanta, a.a.O.

Körperachtsamkeit

In der Maha-Satipatthana-Suttanta wird beschrieben, welche Formen der Verinnerung die Körperachtsamkeit beinhaltet:

- Achtsamkeit auf das Ein- und Ausatmen
- Achtsamkeit auf die vier Körperhaltungen (Gehen, Sitzen, Stehen, Liegen)
- Achtsamkeit bei allen Tätigkeiten (Essen, Trinken, Schlafen, Wachen usw.)
- Betrachtung der 32 Körperteile (Haare, Zähne, Nägel, ...)
- Betrachtung der Elementarbestandteile des Körpers (Erde, Wasser, Feuer, Luft)
- Leichenfeldbetrachtung (Betrachtung einer Leiche in neun Stadien der Auflösung)

Alle diese Formen der Achtsamkeit verraten ihre vorbuddhistische Herkunft, das völlige »Bei-Sich-Sein« bei allem, was wir tun, die »Nicht-Identifikation« mit körperlichen oder seelischen Vorgängen, die ständige Frage: »Wer bin ich?« Buddha systematisiert dieses alte System und fügt es in den Kontext seiner Lehre:

In genauer Betrachtung der Entstehungsbedingungen weilt er beim Körper. In genauer Betrachtung der Vergehensbedingungen weilt er beim Körper. In genauer Betrachtung der Entstehens-Vergehens-Bedingungen weilt er beim Körper.[1]

Die Quintessenz der Übungen in Achtsamkeit ist dieselbe, wie sie auch in den Veden und Upanishaden immer

1 Maha-Satipatthana-Suttanta, a.a.O.

wieder betont wird: Neti, Neti – nicht Dies, nicht Das. All dies bist nicht Du. All diese körperlichen und seelischen Zustände und Vorgänge unterliegen der Vergänglichkeit, sie haben nichts mit deinem eigentlichen Wesenskern, deinem unsterblichen Selbst zu tun! Sich mit ihnen zu identifizieren heißt, sich mit Alter, Krankheit und Tod zu identifizieren! Ihre wahre Natur zu erkennen heißt, Alter, Krankheit und Tod zu überwinden. Auch die Anweisungen Buddhas für die rechte Art der Versenkung ähneln denen des Yoga, wie sie die Upanishaden und die Hatha Yoga Pradipika betonen. In der Maha-Satipatthana-Suttanta steht:

> Wie aber, Ihr Mönche, weilt ein Mönch beim Körper, in genauer Betrachtung des Körpers? Da begibt sich, Ihr Mönche, ein Mönch in den Wald oder an den Fuß eines Baumes oder in ein leeres Haus und läßt sich mit gekreuzten Beinen nieder, den Körper gerade aufgerichtet, die Aufmerksamkeit voll gegenwärtig haltend. Aufmerksam atmet er ein, aufmerksam atmet er aus.[1]

Die Shvetashvatara Upanishad berichtet ganz ähnlich:

> Er bringe seinen Körper in eine ebene Lage, an drei Stellen (Brust, Hals und Kopf) ihn herausstraffend [...] Er hemme seine Atemzüge, reguliere seine Bewegungen und, wenn der Atem geschwunden ist, hauche er durch die Nase aus.[2]

Und die Maitrayani Upanishad schreibt:

So ist die Methode: Beschränkung des Atmens, Zurück-

1 Maha-Satipatthana-Suttanta, a.a.O.
2 Shvetashvatara Upanishad, Eugen Diederichs Verlag, Köln 1977

ziehung der Sinnesorgane, Kontemplation, Festlegung
des Denkorgans, Selbstprüfung, Versenkung, das sind
die sechs Teile, die man Yoga nennt.[1]

Auch einer meiner Lehrer aus früheren Tagen, ein hinduistischer Swami (vgl. hierzu: Volker Christmann, Das Yoga-Buch), hat mich in diese uralte Methode der Körperachtsamkeit eingeführt.

Beobachtung des Atems

Diese Methode ist sicher am besten geeignet, um sich systematisch in der Disziplin der Achtsamkeit zu üben, und sie wird wohl vor allem deshalb in vielen Systemen angewandt: Zen und Vipassana, Yoga und Tantra, sie alle bedienen sich dieser Methode. Als Sitzhaltung eignen sich – wie für die meisten Meditationsmethoden – vor allem Lotus, Halber Lotus, Vollkommene Stellung und Diamantsitz. Wem diese Stellungen – vor allem zu Beginn – zu unbequem sind, der sollte es mit der Leichten Stellung versuchen. Auch aufrecht auf einem Stuhl sitzend kann diese Meditation ausgeführt werden.

Während einige Zen-Schulen ein Zählen des Atems bevorzugen (von eins bis zehn, dann wieder mit eins beginnend; ausatmen auf die geraden Zahlen, einatmen auf die ungeraden), wird bei den übrigen Techniken der Atem einfach beobachtet. Die einzelnen Atemzüge sollten hierbei ruhig und tief sein. Ein Anhalten des Atems, wie bei einigen Pranayamas, entfällt. Die Atmung ist dann im Gleichgewicht, wenn wir das Atmen nicht hören. Nun konzentriert man sich entweder auf den klei-

---

1 Maitrayani Upanishad, Eugen Diederichs Verlag, Köln 1977

nen Lufthauch zwischen Nase und Oberlippe oder auf das Heben und Senken des Brustkorbes. Auftauchenden Gedanken schenkt man keine Beachtung, verdrängt sie nicht, sondern betrachtet auch sie ohne Anhaftung, d. h. ohne sich mit ihnen zu identifizieren, bis sie schließlich mehr und mehr verschwinden.
Bei nicht-buddhistischen Schulen ist dies alles, was zur Beobachtung des Atems wichtig ist: Man geht auf in seinem Atem, der zugleich der Hauch Gottes ist, bis das individuelle Bewußtsein transzendiert wird. Buddha betont auch hier noch ein weiteres: Anitya (Pali: Annica) die Vergänglichkeit alles bedingten Seins, die Betrachtung der Entstehens-Vergehens-Bedingungen.

Weitere Formen der Körperachtsamkeit

Die weiteren Formen der Körperachtsamkeit eignen sich vor allem dazu, während des ganzen Tages – auch außerhalb der regelmäßigen Meditationen – immer wieder geübt zu werden, bis wir schließlich jede Minute unseres Daseins vollbewußt erleben. Sobald wir unbewußt agieren und dies merken, sollten wir möglichst schnell zum bewußten Handeln zurückkehren.

Vor allem das *achtsame Gehen* wird so immer betont, soll doch auch Buddha nach seiner Erleuchtung eine Woche in tiefer Meditation auf und ab gegangen sein. Die Maha-Satipatthana-Suttanta schreibt hierzu:

> Und weiter noch, Ihr Mönche, weiß ein Mönch, wenn er geht: »Ich gehe«; weiß, wenn er steht: »Ich stehe«; weiß, wenn er sitzt: »Ich sitze«, weiß, wenn er liegt:

»Ich liege«. Und immer wie seines Körpers Haltung ist,
dementsprechend weiß er ihn.[1]

Auch die *Leichenfeldbetrachtung* wird – meist in abgewandelter Form – noch häufig benutzt, um sich die Vergänglichkeit der Daseinskräfte bewußt zu machen: Trinkschalen aus menschlichen Schädeln, Skelette in den Tempeln der Theravada-Mönche, Luftbestattungen usw. Und auch diese Meditationsform, die uns an die eigene Vergänglichkeit gemahnt, wurzelt in Vorbuddhistischem: Siddartha Gautama zog nach Gaya, das vor allem seiner mächtigen Totenriten wegen berühmt war und ist. Und Rudra, der vorarische Sturmgott der Ureinwohner Indiens, dem später als dem »Herrn mit den 1 008 Namen« als SHIVA, MAHADEVA UND ISHVARA der Aufstieg in das arische Pantheon gelang, hauste vor allem auf Friedhöfen, beschmierte sich mit der Asche von den Verbrennungsstätten, aß aus der Schale eines Schädels und schmückte sich mit Menschenknochen. Auch heute noch begegnet man hin und wieder einem solchen »Radikal-Asketen« – selbst im dichten Getümmel Delhis, zwischen Geschäftsleuten im Anzug, hupenden Taxis und Touristenscharen.

Vergänglich sind alle Daseinskräfte,
Werden und Altern ist ständig ihr Teil.
Entstanden, müssen dahin sie schwinden,
Ihr stilles Verlöschen – das ist das Heil.
Das ist des Leidens Ende.[2]

1 Maha-Satipatthana-Suttanta, a.a.O.
2 H. v. Glasenapp: Weisheit des Buddha, Baden-Baden 1946

Und die Upanishaden betonen:

In blinde Finsternis gehen ein,
die das Nichtentstehen verehren.
In noch größere Finsternis, die
am Entstehen sich genügen lassen.

Man verkündet das Eine als verschieden
vom Entstehen,
man verkündet es als verschieden
vom Nichtentstehen.

Entstehen und Vergehen – wer beide als
zusammengehörig kennt,
der erreicht,
nachdem er durch Vergehen zum Tod übergesetzt ist,
durch Entstehen Unsterblichkeit.[1]

Auch alle anderen körperlich-geistigen Vorgänge werden im Lichte von Trilakshana betrachtet, der drei Merkmale des Daseins. Das Ziel ist Duhkha-Nirodha, die Vernichtung des Leidens.

Empfindungsachtsamkeit

Die Achtsamkeit auf die Empfindungen läßt einen die Empfindungen als freudvoll, leidvoll oder indifferent, als irdisch oder unirdisch erkennen. Doch in letzter Konsequenz sind sie stets leidvoll, da sie vergänglich sind.

Und wie, Ihr Mönche, weilt ein Mönch bei den Empfindungen

1 Isha Upanishad

in genauer Betrachtung der Empfindungen?
Da weiß, Ihr Mönche, ein Mönch,
wenn er eine freudige Empfindung empfindet:
»Eine freudige Empfindung empfinde ich«.
Wenn er eine leidige Empfindung empfindet, weiß er:
»Eine leidige Empfindung empfinde ich«.
Wenn er eine weder-freudig-noch-leidige Empfindung
empfindet,
weiß er:
»Eine weder-freudig-noch-leidige Empfindung
empfinde ich« [...]

In genauer Betrachtung der Entstehens-Vergehens-Bedingungen
weilt er bei den Empfindungen ...
Und unabhängig lebt er,
und an nichts in der Welt haftet er.[1]

Geistachtsamkeit

Bei der Achtsamkeit auf das Denken werden die aufsteigenden Gedanken betrachtet und erkannt, ob sie sinnlich oder nicht-sinnlich, gehässig oder nicht-gehässig, verblendet oder nicht-verblendet sind.

»Da ist das Denken«,
vergegenwärtigt er sich nun aufmerksam,
so weit es eben dem Erkennen dient, der Verinnerung
dient.
Und unabhängig lebt er,
und an nichts in der Welt haftet er.[2]

---

1 Maha-Satipatthana-Suttanta, a.a.O.
2 Maha-Satipatthana-Suttanta, a.a.O.

Achtsamkeit auf die Objekte (Zustände) des Geistes

Bei der Betrachtung der Zustände, der Objekte des Denkens, erkennt man die fünf Hemmnisse:

- Gier
- Bosheit
- Trägheit
- Unruhe
- Zweifel

und erlebt die gesamte Persönlichkeit als Anhäufung (Skandha) verschiedener Faktoren, die eines gemeinsam haben: Vergänglichkeit, Leidhaftigkeit, Nicht-Wesenheit. Nyanatiloka schrieb einmal:

> Unser sogenanntes individuelles Dasein ist in Wirklichkeit nichts weiter als ein bloßer Prozeß dieser körperlichen und geistigen Phänomene, ein Prozeß, der seit undenkbaren Zeiten schon vor unserer Geburt im Gange war und der auch nach dem Tode sich noch für undenkbar lange Zeitperioden fortsetzen wird.[1]

Diese Faktoren, die uns eine individuelle Persönlichkeit vorgaukeln, sind:

- Körperlichkeit
- Empfindungen
- Wahrnehmung
- Gestaltungen (Unterscheidungen)
- Bewußtsein

1 Nyanatiloka, Buddhistisches Wörterbuch, Konstanz 1976

und sie treten durch die sechs Stützpunkte in Verbindung zur Welt:

- Auge
- Ohr
- Nase
- Zunge
- Tastsinn
- Denken

Und selbst der Beginn einer spirituellen Entwicklung, die sieben Erwachungen (Verinnerung, Lehrerwägung, Kraft, Freudigkeit, Beruhigung, Vertiefung, Gleichmut), werden im Lichte der Vergänglichkeit betrachtet. Am Ende steht die Erkenntnis der vier edlen Wahrheiten:

Das ist das Leiden.
Das ist die Leidens-Entstehung.
Das ist die Leidens-Vernichtung.
Das ist der zur Leidens-Vernichtung führende Weg.

Geburt ist Leiden, Altern ist Leiden, Sterben ist Leiden;
Kummer, Jammer, Leiden, Elend und Verzweiflung
sind Leiden;
was man wünscht, nicht erreichen, ist Leiden,
kurz: Die fünf Formen des Ergreifens der Außenwelt
sind Leiden.[1]

Die Ursache des Leidens ist das Verlangen, der Durst, der von den sechs Stützpunkten hervorgerufen wird:

Was da dieser Durst ist, der wiedergeburtige,
mit Lust und Gier verbundene,

1 Maha-Satipatthana-Suttanta, a.a.O.

hier und da sich ergötzende, nämlich:
der Sinnlichkeitsdurst,
der Werdensdurst,
der Entwerdensdurst.[1]

Doch die Ursachen dieses Durstes, die Ursachen allen Leidens können vernichtet werden. Der Weg, der zur Vernichtung des Leidens führt, ist der heilige achtfache Pfad:

Und was, Ihr Mönche, ist die edle Wahrheit von
dem zur Leidens-Vernichtung führenden Weg?

Eben dieser edle achtgliedrige Pfad, nämlich:
rechte Anschauung, rechter Entschluß, rechte Rede,
rechtes Tun,
rechter Lebensunterhalt, rechte Anstrengung, rechte
Verinnerung, rechte Vertiefung [...]

Dieses, Ihr Mönche, ist der einzigartige Weg
zur Reinigung der Wesen,
zur Überwindung von Kummer und Jammer,
zur Vernichtung von Leiden und Elend,
zur Erreichung der rechten Lebensführung,
zur Verwirklichung des Verlöschens.[2]

Das Aufgehen im Absoluten (Laya)

Auch Pantanjali und die Hatha Yoga Pradipika betonen immer wieder die Betrachtung des Atems als besonders geeignete Methode zur Erreichung des Absoluten, Un-

1 Maha-Satipatthana-Suttanta, a.a.O.
2 Maha-Satipatthana-Suttanta, a.a.O.

vergänglichen. Schon seit undenklichen Zeiten weiß der Mensch um den Kausalzusammenhang zwischen Leben und Atem; wie mir Advaitananda einmal sagte: »Dein Atem ist dein vertrauenswürdigster Freund. Wenn er endet, endest auch du. Konzentriere dich also auf die Bewegung des Atems, und du wirst Frieden finden.«[1]

Doch während die buddhistischen Meditationen das Hauptgewicht auf die reine Achtsamkeit legen – obwohl selbstverständlich auch Yogapraktiken benutzt und vermittelt werden –, also einen eher geistigen Ansatz wählen, bevorzugt die Hatha Yoga Pradipika einen mehr praktischen und körperlichen »Leitfaden« zur Meditation und Samadhi. Die Hatha Yoga Pradipika beschreibt:

- die Ursachen des Getrenntseins vom Absoluten,
- das Ziel aller Meditation
- Wege, die zu diesem Ziel führen.

Das Ziel der Meditation

Da Ziel der Meditation ist Samadhi oder Laya, das Verschmelzen mit dem Absoluten:

> Wie Salz, das in Wasser aufgelöst wird, eins mit ihm wird, so bezeichnet man das Verschmelzen des Geistes (mind) mit dem unsterblichen Selbst (atman) als Samadhi.
>
> Wenn der Atem ganz flach und der Geist absorbiert wird, dann wird ihr »Gleichwerden« Samadhi genannt. Die Gleichheit und Einheit des Selbst und des Über-

1 Vgl. Volker Christmann, Das Yoga-Buch

selbst, wenn alle Weltenzyklen aufgehört haben zu
existieren, wird Samadhi genannt.[1].

Wenn alle Gedanken und Handlungen vernichtet
sind,
dann entsteht der Layazustand,
den zu beschreiben jenseits der Macht der Sprache
liegt, der nur durch Selbsterfahrung erkannt werden
kann.

Sie sprechen oft von Laya; aber was ist damit gemeint?
Laya ist einfach das Vergessen der Sinnesobjekte, wenn
die Wünsche (Vasanas) sich nicht mehr zum Leben er-
heben.[2]

Ursachen für die Getrenntheit vom Absoluten

Laut Aussage der meisten östlichen Philosophien liegt die Ursache für unser falsches Weltbild, für Getrenntsein vom Absoluten, für Alter, Krankheit und Tod in der Geistestätigkeit: Entstanden in Abhängigkeit, Konditioniertheit, liefert sie ein völlig falsches Bild der Wirklichkeit. Und dieses falsche Bild der Wirklichkeit wird millionenfach kopiert und an kommende Generationen weitergereicht. Also gibt es nur einen Ausweg: die Gedankentätigkeit zu stoppen! Pantanjali schreibt in den Yoga Sutras:

1 Hatha Yoga Pradipika, IV/5-7
2 Hatha Yoga Pradipika, IV/32,33

Yogas citta-vrtti-nirodhah.[1]
Das Zur-Ruhe-Kommen der seelisch-geistigen Vorgänge ist Yoga.

Und die Hatha Yoga Pradipika betont:

Es gibt zwei Ursachen für die Aktivität des Geistes:
Wünsche (Vasana) und Atem (Prana).
Deshalb ist die Auflösung des einen das Aufhören des andern.

Die Atmung endet, wenn die Geistestätigkeit endet,
und die Geistestätigkeit wird absorbiert,
wenn die Atmung gezügelt wird.

Geist und Atem sind vereint wie Milch und Wasser,
und beide sind gleich in ihren Aktivitäten.
Der Geist beginnt seine Tätigkeit, wo Atem ist,
und die Atmung (Prana) beginnt ihre Tätigkeit,
wo es Geist gibt.[2]

Gedanken und Atmung werden also in einem engen Zusammenhang gesehen, die Beherrschung des einen führt automatisch zur Beherrschung des anderen.

Wege zum Selbst

Tattva (Wahrheit) ist der Samen,
Hatha (Hatha Yoga) das Feld;
Und Vairagya (Leidenschaftslosigkeit) das Wasser.[3]

---

1 Yoga Sutras, I/2
2 Hatha Yoga Pradipika, IV/22-24
3 Hata Yoga Pradipika IV/103

Die Hatha Yoga Pradipika geht in ihrem vierten Kapitel auf die Erreichung des Samadhi ein. Hierzu werden einzelne Asanas und Mudras, die besonders geeignet erscheinen, teilweise unter anderem Namen wiederholt.

Shambhavi Mudra – Die Geste Shivas

Sich im Innern auf das Brahman konzentrieren, während man den Blick auf die äußeren Objekte gerichtet hält, ohne zu blinzeln, wird Shambhavi Mudra genannt.[1]

Trataka – Starren

Die Übung des Starrens, die auch zur Verbesserung der Sehkraft, als Reinigungsübung innerhalb der Kriyas (vgl. hierzu Kapitel 6 Pranayama, Beherrschung der Lebenskraft) angewandt wird, dient als Mittel zur Erreichung von Samadhi, als Weg in die Meditation.

Einige verehren die Veden, andere die Niyamas[2], während andere völlig in ihrer Logik aufgehen. Aber keiner kennt den Wert dieser Mudra, die es einem ermöglicht, den Ozean des Lebens zu überqueren.

1 Hatha Yoga Pradipika IV/35
2 Ethische Vorschriften; vgl. Volker Christmann, Das Yoga-Buch, S. 43

Mit ruhigem, zielgerichtetem Geist
und halb geschlossenen Augen
fixiert man die Nasenwurzel, ohne zu
blinzeln [...]
Derjenige, der das Licht sehen kann, das
das All ist,
der Samen, der innere Brillant, das wirk-
liche Sein (Tattvama),
kommt zu *ihm*.
Was nützt es mehr zu sagen?[1]

Khechari – Verschluß der Zunge

Auch KHECHARI, den Verschluß der Zunge (vgl. hierzu: Mudras – Die Siegel des Yoga) und YONI MUDRA (vgl. hierzu: Pranayama – Die Beherrschung der Lebenskraft) beschreibt die Hatha Yoga Pradipika als hilfreich für die Meditation.

Eine vollständige Yoga-Meditation setzt sich also aus mehreren Hilfsmitteln zusammen, die die Geistesaktivitäten beruhigen und den Zugang zum Selbst erleichtern. Die Übung des Anahata Nada, des »mystischen Klangs«, beschreibt dies so:

In der vollkommenen Stellung (Siddhasana) sitzend
und
Shambhavi Mudra (Geste Shivas) ausführend,
sollte der Yogi den Ton in seinem rechten Ohr
mit gesammeltem Geist hören.

1 Hatha Yoga Pradipika, IV/39,40

Ohren, Augen, Nase und Mund werden geschlossen
(Yoni Mudra),
Dann hört man den Klang in der Shushumna,
die von allen Unreinheiten gesäubert ist.

In allen Yogas gibt es vier Stadien:
1. Die Vorbereitung (Arambha),
2. die Stufe der Durchdringung (Ghata),
3. Wissen (Parichaya) und
4. die Vollendung (Nispatti).[1]

Die erste Stufe (ARAMBHA) wird durch ASANAS und PRANAYAMA erreicht, man erfährt dann:

... eine Art von Glücklichsein im luftleeren
Raum des Herzens,
und die mystischen Klänge, wie unterschiedliche,
ineinanderverwobene Töne, werden im Körper gehört.[2]

Auf der zweiten Stufe (Ghata)

... verschmelzen die Luftströme zu einem und
beginnen,
sich im mittleren Kanal (Shushumna) zu bewegen.
Die Körperhaltung des Yogi wird fest und er wird weise
wie ein Gott.[3]

Die dritte Stufe (Nispatti) ist zugleich die letzte, die die Hatha Yoga Pradipika beschreibt. Das Stadium der Vollendung oder des Genießens der Früchte erfährt der Yogi nicht nur in den Meditationen: Wer diesen Zu-

1 Hatha Yoga Pradipika, IV/66-68
2 Hatha Yoga Pradipika, IV/69
3 Hatha Yoga Pradipika, IV/71

stand erreicht hat, ist wirklich eins geworden mit dem Absoluten, untrennbar. Er hat sich gelöst vom Spiel Mayas, erwacht aus äonenlangem Traum, sieht die Welt in ihrer grandiosen Schönheit – ein Jivanmukta, ein zu Lebzeiten Befreiter, ein Buddha.

Im dritten Stadium hört man den anschwellenden
Klang einer Trommel
in dem leeren Raum (Shunya) zwischen den Augenbrauen.
Und dann strömt der Atem (Vayu) in die große Leere (Mahashunya),
die die Heimat aller Siddhis (»übernatürliche«) Fähigkeiten) ist.[1]

ASANA, PRANAYAMA und SAMYAMA (Meditation) bilden im Hatha Yoga eine Einheit, die ein Ziel hat: die Erweckung der Kundalin, jener Energie, die an der Wurzel des Rückgrates nur darauf wartet, erweckt zu werden. Auf ihrem Weg aufwärts durch die Shushumna (Hauptenergiekanal), im materiellen Körper der Wirbelsäule entsprechend) belebt sie die einzelnen CHAKREN (vgl. hierzu: Pranayama – Die Beherrschung der Lebenskraft) und durchstößt Blockierungen (GRANTHI) in diesem wichtigen Energiekanal. Die wichtigsten Knoten oder Blockierungen, die hierbei beseitigt werden, sind:

BRAHMA GRANTHI: Eine Blockierung im Unterleibsbereich, dem Muladhara Chakra, die auf der ersten Stufe (Arambha) durchbrochen wird.

VISHNU GRANTHI: Dieser Knoten befindet sich auf der

1 Hatha Yoga Pradipika, IV/73

Höhe des Kehlkopfes (Vishuddha Chakra). Er wird auf der zweiten Stufe (Ghata) durchstoßen.

SHIVA (RUDRA) GRANTHI: Wenn dieser letzte Knoten auf der dritten Stufe (Parichaya) durchstoßen ist, erlebt der Yogi die »Erleuchtung«.

Der Yogi, dessen Shakti (Kraft, Energie, Kundalini) erweckt wurde, er, der allem Tun entsagt hat,
erreicht den Zustand der Erleuchtung (Samadhi) ohne Anstrengung.

Wenn Prana (Lebensenergie) in der Shushumna (Hauptenergiekanal) fließt und der Geist in die Shunya (Leere, Stelle zwischen den Augenbrauen) eingedrungen ist, dann ist der Yogi von allen Auswirkungen seines Karma (Konsequenzen aus früheren Handlungen) befreit.

O, Ihr Unsterblichen! Ich grüße Euch!
Selbst der Tod, in dessen Maul diese ganze
bewegte und unbewegte Welt gefallen ist, ist von Euch besiegt worden.[1]

1 Hatha Yoga Pradipika, IV/11-13

Die Kraft des Heiligen Lautes (Mantra-Meditation)

Eine weitere Meditationsform ist die Mantra-Meditation. Diese Technik geht davon aus, daß jedem Klang eine bestimmte Energie innewohnt, wie es uns auch die moderne Physik lehrt. Die klassischen Mantras entstammen dem SANSKRIT, der uralten »Sprache der Götter«, dem DEVNAGRI. Das ständige Wiederholen des Mantra – meist stumm, in Gedanken – löst Schwingungen aus, die für bestimmte Zwecke eingesetzt werden können. Verfolgt man den Klang des Mantra in seinem Geist, so dringt man in immer tiefere Bewußtseinsschichten vor, bis man die Quelle aller Gedanken erreicht, ja, schließlich selbst diese transzendiert und in die »große Leere« (MAHASHUNYA) vordringt.
Auch die Bibel betont immer wieder die Wichtigkeit des Klanges, des Wortes. So beginnt z. B. das Johannesevangelium mit den Worten:

Am Anfang war das Wort, und das Wort war bei Gott,
und Gott war das Wort.[1]

---

1 Johannes, 1,1

Dies ist auch der Grundgedanke der Veden: Am Anfang der materiellen Schöpfung ist alles Klang. Aus diesem manifestiert sich immer gröber werdend die Welt in all ihren Erscheinungsformen. Wollen wir also zum Ursprung zurückkehren, so betrachten wir die Quelle des Klanges, bis wir sie schließlich transzendieren und ans »andere Ufer gelangen«. Gedanken, die auf diesem Weg auftauchen, werden – ohne sich mit ihnen zu identifizieren – betrachtet, bis sie schließlich verschwinden und das strahlende Licht des reinen Seins entsteht.
Da es bei dieser Art der Meditation vor allem auf die vollkommen korrekte Intonation des Mantra ankommt, werden die Mantren in Indien nur vom Lehrer auf den Schüler weitergegeben und in einigen Schulen sehr streng geheimgehalten. Es gibt inzwischen allerdings auch viele Yogis, die von all dieser »Geheimniskrämerei« nicht allzuviel halten. Doch sicher bietet die systematische Initiation in ein Mantra einiges.

Das wichtigste Mantra des Hinduismus ist der OM-Laut (AUM). Über ihn heißt es in der Chandogya Upanishad:

Prajapati (der Schöpfergott) bestrahlte mit Glut
die drei Welten. Aus diesen erhitzten strömte das
dreifache Wissen (Rig Veda, Yayur Veda, Sama Veda).
Er erhitzte es, und als es erhitzt war,
entströmten ihm die drei Silben
bhur bhuvar swar.
(bhur = Erde, Swar = Himmel, bhuvar = Zwischenraum)
Er erhitzte auch sie, und als sie erhitzt waren,
strömte aus ihnen das
OM.

Wie von einem Nagel alle Blätter durchdrungen sind,
so ist die ganze Sprache von OM durchdrungen.
Dieses All ist das OM.[1]

Diese Silbe gilt als die Manifestation der spirituellen Energie des gesamten Universums. Der OM-Laut (A-U-M) symbolisiert:

- die drei Welten (Triloka)
- die Göttertrias (Trimurti),
- die Dreiteilung des Bewußtseins,
- die drei Eigenschaften alles Geschaffenen (Trigunas),
- die drei »Gegensätze« (Triputi) von Erkenner, Erkanntem, Akt der Erkenntnis,
- den »dreifachen Schritt« (Trivikrama), mit dem Vishnu das Weltall durchmaß usw.

Der OM-Laut ist der Bogen,
der Pfeil, das Selbst,
das Brahman das Ziel [...]

Mit dem Wort OM sinnt ihr
dem Atman nach.
Heil euch, auf das ihr das Ufer jenseits der Finsternis
erreicht.[2]

Weitere wichtige Mantras sind:

- OM Namah(a) Shivaya
- Ram
- Hari OM
- Aham Satyam (Mein Selbst ist das Seiende)

1 Chandogya Upanishad
2 Mundaka Upanishad

○ Aham Brahmasmi (Mein Selbst ist Brahman)

Auch die Keimsilben der Chakras (vgl. hierzu: Volker Christmann, Das Yoga-Buch und Kapitel 6 Pranayama, Beherrschung der Lebenskraft) werden häufig zur Mantra-Meditation verwendet, vor allem wenn Blockierungen in dem entsprechenden Bereich vorhanden sind oder die Qualitäten des jeweiligen Chakra entwickelt werden sollen.

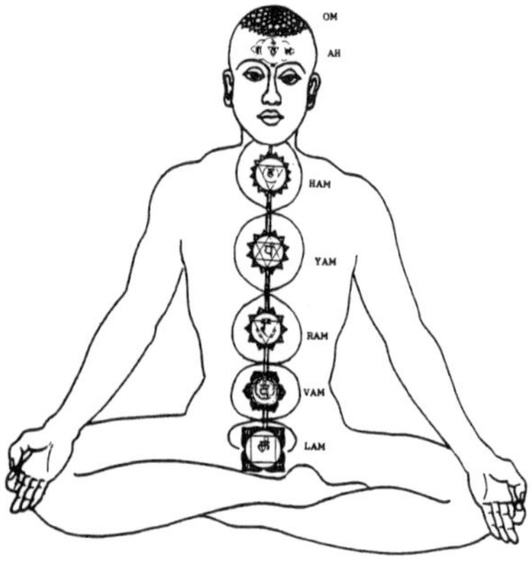

Die Keimsilben (BIJA-MANTRA) der unteren fünf Energiezentren finden in aufsteigender Reihenfolge ihre Entsprechung in den Klängen der fünf Elemente des Universums gemäß der Sankhya-Philosophie: Erde, Wasser, Feuer, Luft und Äther (AKASHA).

Das tibetische OM MANI PADME HUM dient ebenso der Mantra-Meditation wie zahlreiche Verse (SLOKAS) aus den Veden oder Upanishaden, und erfüllt nicht auch das christliche Rosenkranz-Gebet einen ähnlichen Zweck?

Nach der Lehre einiger Schulen sind die Keimsilben der beiden oberen Chakren – Sahasrara und Ajna – vertauscht, so daß die Keimsilbe des AJNA CHAKRA OM ist, die des Sahasrara Chakra das kurze AH. Vor allem bei einer Mantra-Meditation mit der Silbe OM bei gleichzeitiger »Sammlung« in TRIKUTA (Stelle zwischen den Augenbrauen) erscheint dies sinnvoll.

10 Zusammenfassung

Eine »vollständige Yoga-Runde« besteht – falls man genügend Zeit hat – aus

- Kriyas
- Aufwärmübungen
- Asanas
- Pranayama
- Bandhas
- Mudras
- Samyama

Sie sollte möglichst regelmäßig morgens und abends ausgeführt werden. Am besten eignet sich hierzu die Zeit der Dämmerung (Sandhya), wenn sich Tag und Nacht, Licht und Schatten, positive und negative Energie die Waage halten.

- Man beginnt – eventuell im Bad – mit einigen KRIYAS (NETI, AGNI SARA, NAULI, falls nötig DHAUTI).

- Danach folgen einige Aufwärmübungen (z. B. SURYA NAMASKAR).

- Daran schließen sich die ASANAS (auf bequeme Klei-

dung, gute Luft etc. achten) an. Die ASANAS machen den Körper geschmeidig und bereiten ihn auf die kommende Meditation vor. Die NADIS werden gereinigt, Blockaden – vor allem in der SUHUSHUMNA – durchstoßen.
Können – z. B. aus Zeitgründen – nicht alle Asanas ausgeführt werden, so sollte man sich doch eine »Reihe« zusammenstellen, die sich ergänzende Übungen, Bewegung und Gegenbewegung, Dehnung und Komprimierung, Drehung und Gegendrehung enthält.
Die einzelnen Übungen sollten ruhig und entspannt ausgeführt werden. Übertriebener Ehrgeiz – vor allem zu Beginn – schadet nur!

- PRANAYAMA wird nach den Asanas geübt. Diese Atemübungen dienen ebenfalls der Reinigung der Energiekanäle (Nadis) und der Lenkung der Lebensenergie (Prana) in den »mittleren Kanal« (Shushumna). KAPALA BATHI und vollständige Wechselatmung sind die wichtigsten Übungen hierzu. Sie sollten in keinem Yogazyklus fehlen.

- Die Atemübungen (Pranayama) gehen in die Ausübung der Bandhas und Mudras über. Fehlt die Zeit, alle Mudras auszuführen, sollte man sich eventuell auf SHAKTI CHALANA beschränken. Sie vereinigt die Wirkungen der meisten Mudras in sich.

- Häufig wird SAMYAMA (Meditation) mit einer weiteren Kriya-Übung und einer MUDRA eingeleitet, mit TRATAKA und YONI MUDRA. Diese leiten in die eigentliche Meditation über. Wenn man sich einmal für eine Meditationsform entschieden hat, sollte diese beibehalten werden. Ständiger Wechsel bringt einen kaum weiter. Bei den Yoga-Meditationen konzentriert man die »Sammlung« entweder auf die Stelle zwischen den Augenbrauen (TRIKUTA), auf das Herzzentrum (ANAHATA CHAKRA) oder auf das Scheitelzentrum (SAHASRARA CHAKRA. Auch hier sollte man bei einer einmal gewählten Form bleiben.

Rechnet man für die Asanas 15 Minuten, für Pranayama 10 und für die Meditation 20 Minuten, so reicht eine dreiviertel Stunde für einen Übungszyklus. Dieser kann selbstverständlich beliebig lange ausgedehnt werden. Am Ende einer jeden »Yoga-Runde« sollte man noch eine kleine Weile entspannt sitzen bleiben oder sich kurz hinlegen, um nicht zu abrupt in den Alltag einzutauchen.

11 Gaya Junction – Heimwärts

Wouldn't you join us with some beer? – Just tell us your tales!«

Mein letzter Abend in Bodh Gaya. Nyanaloka hat mir zum Abschied ein paar Samen vom Baum Buddhas gegeben und meine Rudraksha-Kette nach tibetischem Ritual geweiht. Dann sind wir nach einer tiefen Verbeugung auseinandergegangen, er in sein kleines Zimmer im Kloster, ich in mein Hotel. Das wenige Gepäck für die Rückreise ist schon gepackt, – der waiter hat versprochen, mir für halb fünf ein Taxi zu besorgen, das mich zum Bahnhof in Gaya bringen soll. Nun sitze ich im Restaurant und versuche, die Eindrücke der letzten Tage zu Papier zu bringen. »Wouldn't you join us with some beer?« Die Stimme der jungen Frau reißt mich aus meinen Gedanken. Ich habe ihr Kommen gar nicht bemerkt. Ein Bier??? Warum eigentlich nicht? Hier in Indien hatte ich gelernt, daß alle Scheinheiligkeit dir nichts nützt. Steh zu deinen Fehlern – und versuch, sie abzulegen! Wie viele haschischrauchende Sadhus habe ich hier kennengelernt! Wie viele chang-trinkende Mönche aus Tibet und Ladakh!

Sie sitzt mit ihrem Mann und ihrer kleinen Tochter – sie sind zum Fest des ersten Zahnes hier – auf der anderen Seite des Restaurants. In die Jahre gekommene Hippies

aus San Francisco. Latinos. Seit 1973 kommen sie nach Indien, immer wieder. Und immer wieder: Varanassi, das ehemalige Benares, heiligste der heiligen Stätten an den Ufern der Ganga!
Sie studiert Sanskrit und besucht in Varanassi einen alten Pandit – »My Guruji« –, um noch tiefer in diese altehrwürdige »Sprache der Götter« einzudringen. Nach einigem Woher? und Wohin?, nach einigen ungewohnten Bieren (Kingfisher), erzählt sie mir – ihr Mann redet kaum, sitzt still vor seinem Bier und schüttelt nur den Kopf über die Indienbegeisterung seiner Frau – die Geschichte der -Bhrigu Samhita, dieser uralten »Palmblatt-Bibliothek«, die auf einen der vedischen Weisen – Bhrigu, den Sohn Varunas, des Götterkönigs – zurückgeht. Seit undenklicher Zeit sollen diese Palmblätter existieren, das Schicksal aller Menschen enthaltend, die jemals kommen, um die Bhrigu Samhita zu befragen! Die Originale sind irgendwo in Tibet verschollen, aber es gibt Kopien, in Patiala und – in Varanassi!
»Mein Guru sagte mir, wo wir den Hüter der Palmblätter finden würden. Als wir mit einem Schreiben meines Guruji zu ihm kamen, war er auch gleich bereit, die Palmblätter nach uns zu befragen. Er vermaß unsere Schatten, stellte die genaue Uhrzeit unseres Eintreffens fest, dann führte er uns in die Bibliothek, schlug in einem Verzeichnis nach und sagte: ›You must be in this book on page hundredsixtynine.‹« Auch ihr Mann ist aus seiner Lethargie erwacht. »It was really astonishing, unbelievable«, sagt er.
»Ich halte ja sonst nicht allzuviel von Indien, all der Schmutz und die vielen Bettler und all das, aber dieser Bursche mit seinen alten Büchern (»this guy with his old rotten books«) war wirklich erstaunlich.« Immer wieder nickt er seinem Glas zu.

»Unbelievable«, fährt sie fort. »Und er sagte uns unsere Namen, wann wir uns kennengelernt haben, unsere Berufe … einfach alles! Und es stimmt wirklich alles, zumindest was unsere gegenwärtige Existenz betrifft. Über meine früheren Inkarnationen kann ich natürlich nichts sagen, aber für die gegenwärtige … es stimmte einfach alles, bis ins Detail, einfach alles!«
Ich müsse ihn einfach besuchen! Überhaupt Varanassi! Natürlich sei es nicht so ruhig wie Bodh Gaya – ihr Mann sagte nur: »A lousy city, really lousy!« –, aber die Atmosphäre! Die Heiligen! Die Verbrennungsghats! Unvorstellbar.
Auch ihr Mann stimmte zu: »Unvorstellbar, wirklich. – Unvorstellbar dreckig. Und jeder versucht dich irgendwie hereinzulegen: die Rikshafahrer, die Verkäufer. Alle. Aber vor allem die Riksha-Wallas! Aber das mit den Bhrigu Samhita war wirklich beeindruckend!«
Und so erzählten wir uns unsere Geschichten, unsere Reisen, unser Leben. Auf einsamer Insel Gestrandete, im schummrigen Lichtkreis der Lampe, vertraut nach kürzester Zeit. Und kaum haben wir uns kennengelernt und fühlen uns wohl in der Gegenwart des anderen, müssen wir uns wieder trennen. Indien ist für mich auch das Land der vielen Abschiede. Immer wieder treffe ich

Menschen, die schon bald zu Freunden werden, zu wirklichen Freunden. Und doch:

Dies ist die edle Wahrheit vom Leiden: Geburt ist Leiden, Alter ist Leiden, Tod ist Leiden.
Mit Unliebem verein sein ist Leiden, von Lieben getrennt sein ist Leiden ...[1]

Das Telefon reißt mich aus dem allzukurzen Schlaf. »It's four o'clock, Sir.« Der Weckruf! Eine kalte Dusche, ein hastiger Çai, schon bin ich auf dem Weg nach Gaya. Zunächst den nächtlichen Fluß entlang: schwarzsilbern glänzende Ruhe unter bleichem Mond. Finstere Dörfer dann, Schlafende am Rande der Straße, Schatten von Wasserbüffeln unter den Bäumen. Und dann hat mich die andere Seite des indischen Alltags wieder, die weniger friedvolle, weniger meditative.
Bettler zusammengekauert am Bahnsteig, Gepäckbündel, Bettrollen, Betelverkäufer. Scharen von Menschen, die sich mit kleinen Zweigen die Zähne reinigen. Gedränge am Fahrkartenschalter, Unmut und Aggression und heiseres Schimpfen. Und inmitten all dieser Hektik und Gier – das Rot der Mönche Buddhas. Zwei Thai stehen am Schalter. Ruhig, abgeklärt, voller Lachen. Den einen der beiden habe ich schon des öfteren in Bodh Gaya gesehen, und auch er scheint mich zu erkennen, tritt zu mir, bietet an, mir zu helfen. Auch er will nach Varanassi!

Nach einer halben Stunde des Wartens rollen wir durch die weite indische Ebene, rollen vorbei an Palmen und überfluteten Reisfeldern, kleinen Dörfern im frühen Licht des erwachenden Tages. Werden langsam selbst zu

1 Pahikanon

diesem Rollen, werden zur Reise. Von irgendwo nach nirgendwo. Uns selbst transzendierend, die Welt, alles. Hin und wieder ein Halt an irgendeinem Bahnhof, in irgendeinem Dorf. Essenverkäufer und Garköche. Çai. Eine Frau in zerschlissenem Sari verteilt Zettel:

Jai H!nd Ian W:dow Women Ihave one Daughrer
She is young IWant Marrednnr Pleese topuesr
to yove me I Rs, 2 Ss, or 5 Rs.
Thanking you

ਜੈ ਹਿੰਦ । ਮੈਂ ਇਕ ਵਿਧਵਾ ਹਾਂ । ਮਰੀ ਇਕ ਲੜਕੀ
ਹੈ । ਜੋ ਨੌਜਵਾਨ ਹੈ । ਮੈਂ ਉਸਦਾ ਵਿਆਹ ਕਰਨਾ ਚਾਹੁੰਦੀ ਹਾਂ ।
ਘਰ ਵਿਚ ਕੋਈ ਕਮਾਉਣ ਵਾਲਾ ਨਹੀਂ । ਕ੍ਰਿਪਾ ਕਰਕੇ । ਰੁ: 2 ਰੁ
5 ਰੁ ਦੀ ਮਦਦ ਦਿਓ ਤਾਂ ਜੋ ਮੈਂ ਉਸਦੀ ਸ਼ਾਦੀ ਕਰ ਸਕਾਂ

Das andere Gesicht Indiens in den Tagen Kalis. Und dann erst Varanassi, Kashi, Benares: ein einziger großangelegter Slum. Ein totales Inferno. Schlaglöcher wie Bombentrichter auf dem Weg zum Hotel, Schmutz und Unrat und der ständig gegenwärtige Versuch, jeden Fremden zu betrügen, zu hintergehen. Meine amerikanischen Freunde vom Vortag hatten mich vor den Riksha-Wallas gewarnt. »Rough, they are very rough!«
Auch über Preise und Hotels haben wir gesprochen. Sie haben mir ein kleines sauberes Hotel im Zentrum empfohlen, nicht zu weit von den Ghats entfernt und doch nicht in unmittelbarer Nähe der Sterbehäuser. »But don't pay more than 25 Rupies for the Riksha. Maybe 30!«
Der Riksha-Walla auf dem Bahnhofsvorplatz will 70 Rupien, als ich ihm mein Ziel nenne. Gelangweilt stochert er zwischen den Zähnen, als ich zu handeln versuche, hängt lässig in seinem Sitz, während ich im Regen stehe und ihn verfluche. Es ist nichts zu machen. Er ist nicht

bereit, auch nur eine Rupie nachzulassen. Es ist nicht der Preis, der mich so ärgert – noch nicht einmal sieben Mark – es ist dieses Gefühl, völlig für dumm verkauft zu werden, das mich nach einer letzten Schimpftirade weitergehen läßt, zum nächsten Riksha-Stand, zum übernächsten, überübernächsten. Aber die Buschtrommel hat funktioniert. Der Preis bleibt bei 70 Rupies. Handeln ist total unmöglich. Doch auch ich habe meinen Stolz! Und so schultere ich meine Tasche und suche im strömenden Regen meinen Weg zwischen den Schlaglöchern: das große Benares. Die Stadt Shivas, die Stadt der Erleuchtung (Kashi = Leuchtend). Wer hier stirbt, so heißt es, wird von Shiva selbst zur Befreiung geführt. Und so machen sich die Alten und Kranken aus allen Teilen des Landes auf den Weg, um hier zu sterben und erlöst zu werden.
Es ist ein weiter Weg vom Bahnhof in die Innenstadt bis zu meinem Hotel. Sicher könnte ich unterwegs eine Riksha nehmen – immer wieder halten sie, fordern mich zum Einsteigen auf, aber ich bin sauer (!). Bodh Gaya und die Meditationen der letzten Tage haben mich nicht auf diese Seite Indiens vorbereitet. Durch und durch naß stehe ich im Gewühl, sehe die Stadt mit den Augen Buddhas und verstehe, warum er sich von der alten Religion abgewandt hat, sich abgewandt hat von dieser Welt der schachernden Brahmanen und Leichenholzverkäufer, sich zurückgezogen hat in diesen stillen Hain an den Ufern des Niranjara. Schließlich schließe ich meinen Frieden mit allem, was mich umgibt: auf das Rad des Samsara gebunden sind auch sie; rastlos, gierig, dem »unedlen Streben« unterworfen.

Da sucht, Ihr Mönche, einer, selber der Geburt unterworfen, gerade das der Geburt Unterworfene;

selber dem Alter unterworfen, sucht er gerade
das dem Alter Unterworfene;
selber der Krankheit unterworfen, sucht er gerade
das der Krankheit Unterworfene;
selber dem Sterben unterworfen, sucht er gerade
das dem Sterben Unterworfene [...]

Als einziger bin ich Vollerwachter,
kühl geworden bin ich, verloschen.
Das Gesetzesrad zu drehen, gehe ich
nach Kashi, der Stadt.
In geblendeter Welt rührend des Todlosen Trommel.[1]

Das Hotel ist recht passabel: einfach, aber sauber, mit einem kleinen Garten, der es von der Straße abschirmt. Leider machte ich – wie sich nachträglich herausstellen wird – einen kleinen Fehler. Ich bin müde und durchnäßt, entnervt von der ungewohnten Masse und will nur noch eins: ausruhen! Und so sehe ich nur auf die Preisliste, nehme ein Zimmer und lasse meine Tasche nach oben tragen. Anfängerhaft, tourist-like. Keine Absprachen über Essen, Service, Taxe ...

Der Boy bringt heißen Çai, frisch gepreßten Orangensaft, Crakkers und wünscht mir einen angenehmen Aufenthalt. Ich ziehe die nassen Sachen aus, dusche und lege mich aufs Bett, lausche dem gleichmäßigen Strömen des Regens, trinke meinen Tee und bin plötzlich eingeschlafen.

Als ich aufwache, fällt das Licht nur noch als ferne Ahnung durch die schweren rauchfarbenen Gardinen: es ist Abend geworden. Ich ziehe frische Kleider an – weißes Leinen, kurta und pant – und verlasse das Hotel. Der

1 Die Lehrrede vom edlen Streben, Auswahl aus dem Palikanon, a.a.O.

Regen hat aufgehört, die Straßenlampen spiegeln sich in öligen Lachen. Ich schlage den Weg zu den nahen Ghats ein, folge der Luxa Marg, vorbei am Vishwanath Tempel, durch die schmalen Gassen, Läden voll glitzerndem Tand; und dann der erste Blick auf die abendliche Ganga. Dashashvamedha Ghat. Das andere Ufer verliert sich in der Dunkelheit. Nichts hat der Fluß hier mehr gemein mit der Ganga, die ich aus den Himalayas kenne: ein brauner nichtendender Strom, der sich scheinbar in der nächtlichen Unendlichkeit verliert.

Auf dem Heimweg nehme ich eine Fahrradriksha – es hat wieder zu regnen begonnen – und lasse mich vor einem kleinen Restaurant am Weg absetzen: Hotel of India. Und während ich auf ein Curry warte, setzt sich ein Deutscher zu mir, gerade in Indien angekommen – und furchtbar entnervt. Schon der Flug sei eine einzige Katastrophe gewesen – 24 Stunden auf irgendeiner glühenden Piste in Bahrain, das langsam durchsickernde Gerücht, daß Sadam Husseins Truppen in Kuweit einmarschiert seien – dann, entgegen aller Befürchtungen, der ebenso plötzliche Weiterflug und nun diese apokalyptische Stadt!

Ich kann ihn gut verstehen, ist es mir doch bei meinem ersten Aufenthalt in Indien ganz ähnlich gegangen. Es ist ein gewaltiger Schock, wenn man sich völlig unvorbereitet nach ein paar Stunden Flug im vollklimatisierten Clipper plötzlich in das Gewühl einer indischen Stadt »geworfen« sieht. Er notiert sich ein paar der wichtigsten Redewendungen auf Hindi, erzählt von daheim: seit Wochen die ersten deutschen Worte.

Spät am Abend gehe ich durch die dunklen Gassen zum Hotel. Schlafende liegen verkrümmt auf ein paar Lumpen an die Hauswände geschmiegt, Hunde wühlen im

Unrat und daneben die hellerleuchtete Kulisse des Clarks Hotels. Leise Sitarmusik, beturbante Kellner, Kronleuchter und schwere Teppiche, Reichtum und Armut ineinanderverwoben im Teppich der Nacht.

Früh stehe ich am nächsten Tag an den berühmten Ghats von Varanassi. Der Morgen »graut« gerade, graut wirklich, voll düsterer Regenwolken. Und der Fluß ist wirklich gigantisch! Auch bei Licht besehen. Eine riesige braune Wassermasse, angeschwollen vom Monsun, scheint er die Ufer beinahe zu sprengen. Ein einsamer Gangesdelphin zieht draußen im Strom seine Bahn, Segelboote liegen am Ufer vertäut und stemmen sich gegen die Flut.
Doch die Ghats selbst – Berge von Müll. Sicher ist auch der immer wieder sturzbachartig niederprasselnde Monsunregen an diesem wirklich nicht sehr einnehmenden Bild schuld. Tote liegen in ihren Leichentüchern wie Abfall an den Verbrennungsstätten. Holzstapel warten auf reiche Kundschaft, denn nur die kann sich noch eine Holzbestattung nach dem alten Ritual erlauben, bei dem der älteste Sohn den Scheiterhaufen entzündet, ihn fünfmal umkreist unter ständiger Rezitation bestimmter Mantren, schließlich mit einem geweihten Stück Holz den Schädel spaltet, damit die Seele leichter das Gefängnis des Leibes verlassen kann, bereit zu neuen Inkarnationen. Doch wer in Varanassi stirbt, so heißt es, ist befreit vom Kreislauf der Wiedergeburten. Die Armen werden wie am Fließband in den modernen Gasverbrennungsanlagen »beseitigt«. Kleine Kinder und Heilige werden nicht verbrannt, sie benötigen die Läuterung durch das Feuer nicht, und so wirft man sie – ebenso wie die verkohlten Reste der Verbrannten – di-

rekt in den Strom, dessen heiliges Wasser alle Unreinheiten tilgt.
Plötzlich beginnt es wieder zu schütten wie aus Eimern. Ich ziehe mich in einen der Tempel am Ufer zurück, warte darauf, daß es aufhört zu regnen. Aber es hört nicht auf. Als ich aus dem Tempel komme, ist die Straße verschwunden. Kniehoch strömt das Wasser, umspült Marktstände und stehengebliebene Autos und Motorradrikshas. Nur die Fahrradrikshas und Pferdekutschen »funktionieren« noch. Ebenso schlagartig wie es begonnen hat, hört der Regen wieder auf. Zum ersten Mal sehe ich Mungos – im »Hotel de Paris«.

Es ist noch früh, und so beschließe ich nach Sarnath zu fahren, jenem Gazellenpark, in dem Buddha vor mehr als zweieinhalbtausend Jahren das »Rad der Lehre« in Bewegung gesetzt hat, als er seine fünf einstigen Weggefährten wiedergetroffen und ihnen die Grundzüge seiner Lehre erläutert hat:

Leiht, Ihr Mönche, das Ohr!
Das Todlose ist gefunden!

Zwei Enden gibt es, Ihr Mönche, denen muß,
wer aus dem Haus in die Hauslosigkeit zog,
fernbleiben:

Hier das Leben in Lüsten,
der Lust und dem Genuß ergeben;
das ist: niedrig, gemein, unedel,
nicht zum Ziele führend.

Dort Selbstkasteiung.
Das ist: leidvoll, unedel, nicht zum Ziele führend.

Von diesen beiden Enden sich fernhaltend,
Ihr Mönche,
hat der Vollendete den Weg entdeckt, der in der Mitte
liegt,
der den Blick frei macht und
Erkenntnis schafft,
der zum Frieden, zur Erkenntnis, zur Erleuchtung,
zum Nirvana führt.[1]

Und auch hier wieder dieser Unterschied, wie ich ihn schon oft in Indien erlebt habe: Schmutz und Unrat und Aggression und Bettelei enden am Eingang zu einer buddhistischen Enklave. Hier ist alles sauber, gepflegt, friedlich.
Dasselbe Land, dieselben Leute, und doch: welch ein Unterschied. Woran liegt es nur, daß die Hindus sich so wenig an ihre Lehrer und Lehren halten, während die Buddhisten die Worte Buddhas ins tägliche Leben umsetzen, fleischgewordene Lehre? Hat sich der Hinduismus überlebt – seit zweieinhalbtausend Jahren, während er doch scheinbar ungebrochen weiterexistiert? Übersehen die Menschen hier die Reinheit und Ruhe vor der eigenen Tür – seit zweieinhalbtausend Jahren?
Auch heute noch ist hier ein kleiner Tierpark, mit Gazellen, Pfauen, Krokodilen. Ich scheine der einzige Besucher zu sein. Ein paar Arbeiter sind gerade dabei, einen gefällten Baum zu zersägen, der Museumswärter sitzt auf einem Stuhl vor dem Eingang, die Ruinen der alten Klöster, zum Teil noch von Buddha selbst gegründet, träumen ihren jahrtausendewährenden Traum.
Erst als ich gegen Abend die grüne Ruinenlandschaft verlasse, meldet sich der indische Alltag zurück: Ein Ruinenräuber will mir ein paar Statuen aus der Zeit Ashokas

1 Samyutta Nikaya

verkaufen. »Very nice pieces, very fine! More than two-thousand years old! Ashoka-period!«
Er zieht mich, obwohl niemand zu sehen ist, hinter ein parkendes Auto, wickelt einige wirklich wunderbare kleine Statuen aus einem schmutzigen Tuch. »Look at this face! Look at the hands! You can see every finger! It's a very fine work! And very cheap now, because there are no tourists here during this season. Only hundred Dollar a piece, now. It will be much more expensive during the pilgrim-season, when there are thousands and thousands of pilgrims from all over the world, especially from Japan, much more expensive!«
Ich versuche, ihm meine Bedenken gegen diese Schändung der alten Heiligtümer, der eigenen Geschichte klarzumachen, aber er versteht mich nicht. Für ihn ist die Sache klar: Es kann nur am Preis liegen, daß ich nicht sofort einverstanden bin. »You must come to my house! Ich have a lot of other pieces there! Also cheaper ones!«
Warum nicht? Ein Abend mit einem indischen Hehler oder Dieb ist sicher interessanter als mein Hotel, und so folge ich ihm zu seinem Haus. Es liegt etwas außerhalb und ist recht neu. Wir gehen ins Schlafzimmer, und er bittet mich, auf dem großen Bett Platz zu nehmen, dann ruft er seiner Frau, sie solle etwas Tee bringen, befiehlt die Kinder zu sich, um sie mir stolz zu zeigen: der geborene Pascha.
Ein Brett ist an der Wand befestigt und dient als Regal: französische Bücher, Statuen, Teile von Fresken, Bilder. Während wir den heißen Gewürztee trinken und plaudern, zeigt er mir seine Schätze. Die Bücher stammen von einem Freund, einem Franzosen, mit dem er hin und wieder Touren in die Himalayas unternimmt, nach Nepal, Ladakh, Kashmir. Die Statuen, alle in diesem an-

mutig filigranen Stil der Ashoka-Periode, hätten jedem Museum zum Schmuck gereicht. Herrliche Arbeiten – mit roher Gewalt von irgendwelchen Stupas getrennt, abgeschlagen von den Kapitelen der Tempel, barbarisch verstümmelt.
Wieder versuche ich ihm klarzumachen, welchen Schaden er mit dieser Arbeit anrichtet, an seinem Volk, seinem Land, seiner Geschichte, aber er will nicht verstehen. Schon sein Urgroßvater hat mit dieser Plünderung begonnen. Dessen Haus ist an einen der alten Tempel angebaut gewesen, als noch kein Zaun um das Gelände lief, als sich die Bauern noch Steine aus den Ruinen holten für ihre Hütten. Damals! Da konnte man noch wirklich schöne Stücke finden! Anders als heute, wo überall Wärter stehen und die wirklich schönen Stücke längst in irgendein Museum gewandert sind!
Aber so langsam scheint er meine Skrupel zu akzeptieren, sich damit abzufinden, daß mit mir keine Geschäfte zu machen sind. »I also have new pieces, also fine work!«
Und er zeigt mir ein paar Nachbildungen des berühmten sitzenden Buddha mit der Geste der Lehrverkündung, eine gelungene Kopie. Auch der Preis ist mehr als annehmbar. Er freut sich, als ich ihm diese und ein paar andere Nachbildungen berühmter Statuen abkaufe. »I need the money, you see! I want to colour my house, and I can't earn money out of the pilgrim-season.«
Wir trinken Tee, und er zeigt mir Bilder von den Touren mit seinem europäischen Freund, zeigt mir stolz die fremden Bücher, lädt mich ein, ihn wieder zu besuchen. Aber als ich aufstehe, um zu gehen – wieder einmal ist es Abend geworden – will er mir unbedingt noch eine kleine Ashoka-Statue verkaufen, Teil eines Reliefs, das Tausende von Jahren alt ist. Aus schwarzem Stein gemei-

ßelt, kaum daumennagelgroß und doch exakte Anmut bis in die Fingerspitzen. Ich betrachte sie lange, lobe diese äußerste Feinheit der Arbeit – und gebe sie ihm, bedauernd den Kopf schüttelnd, zurück. Doch als er sich an der Haustüre von mir verabschiedet, wickelt er sie in ein Stück Tuch und drückt sie mir in die Hand, und da kann ich nicht länger widerstehen.

Am nächsten Morgen gehe ich zu einem letzten Einkaufsbummel durch Varanassi: Perlen und Steine bei einem Edelstein-Yogi. Den Hüter der Bhrigu Samhita habe ich nicht gefunden, keiner scheint etwas von dieser Palmblatt-Bibliothek zu wissen, und ich habe in Bodh Gaya vergessen, nach der Adresse zu fragen. Vielleicht beim nächsten Mal!

Eine letzte Dusche im Hotel: Check-out-time zwölf Uhr dreißig. Als ich die Rechnung bezahlen will, erlebe ich die Überraschung: 3 500 Rupies für die drei Nächte. Zuerst glaube ich mich einfach verhört zu haben; doch der Manager schreibt die Zahl auf einen kleinen Block: 3 500 Rps. Ich zeige auf die Preisliste, die an der Wand hängt: rooms 180 Rps. to 280 Rps. Die Preisliste gelte nicht mehr, außerdem seien dies die Preise für Einzelzimmer gewesen. »No Air-condition, no shower, no breakfast. Nothing!«

Das heilige Benares! Ich frage ihn nach seiner Religion. Natürlich sei er Hindu! Ob er denn an die heiligen Schriften der Hindus glaube, die Bhagavad Gita, die Veden, die Upanishaden? An Karma und Wiedergeburt? Natürlich! Als was er glaube, wiedergeboren zu werden, dafür, daß er ahnungslose Touristen übervorteile, die die heiligen Stätten besuchen? Als Wurm, ewig im Dreck wühlend, als Kakerlake?

Er schaut mich ganz entgeistert an, verdattert, unsicher

geworden bei dem Ausbruch des ferenghi, der sich nicht gutmütig betrügen lassen will. Doch ich zahle meine Rechnung – ich habe einfach genug von all dem Geschacher und all der dummen Betrügerei – und gehe durch die nasse, trübe, ungastliche, so gar nicht heilige Stadt zum Bahnhof.
Am Bahnhof treffe ich meinen Thai-Mönch wieder. Doch er führt in die entgegengesetzte Richtung, Ruhe und Frieden entgegen, nach Bodh Gaya. Nach dem üblichen Drängen und Stoßen habe ich meine Fahrkarte und stehe auf dem Bahnsteig. Und dann, nach einem letzten Drängeln und Zerren, finde ich einen Platz und fahre durch die Ebene von Bihar: überflutete Felder, die fernen Ausläufer des Vindhya-Massivs im Dunst, kleine Dörfer. Nichts deutet mehr auf die große Vergangenheit des ehemaligen Magadha-Reiches, nichts auf die buddhistische Blütezeit, die diesem Staat zu seinem Namen verholfen hat: Bihar, das Land mit den vielen Klöstern (vihar).
Indische Städte scheine ich immer bei Dunkelheit kennenzulernen, auch in Patna, der Hauptstadt Bihars, komme ich bei Dunkelheit an. Und was für eine Dunkelheit! Schon im Zug hat mir ein Sikh, als er hört, daß ich nach Patna will, erklärt: »A stinky city! A real lousy city!« Das nächtliche Gewühl in den schmutzigen Straßen von Patna scheint ihm recht zu geben: kaum ein Licht, Scharen von Fahrrad-Rikshas, Urinlachen und Müll. Und dann das Hotel! Schmutzstarrende Absteige für eine Nacht, keine Laken, Fettränder an den Wänden, wo schon Generationen ihre öligen Haare gescheuert zu haben scheinen; und über allem unberührt und kalt: Speckmond im Antennenwald ...

Auch der nächste Tag zeichnet kein besseres Bild von

Patna: Schmutz und Zerfall und ein »weißer Fleck« auf der touristischen Landkarte: »No limca, not thumps up, Pani!«
Enge Gassen und stockfleckige Gemäuer. Schmutzige Tümpel. Frauen in schwarzer Burkha, ausgeweidete Hammel, Kebab: Muslim Area. Tongötter, luftgetrocknet. Kleine Tempel. Man sieht Dhaus am anderen Ufer der Ganga und den zerfallenen Palast Chandraguptas, des Vaters von Ashoka. Ansonsten nichts als Nieselregen und stinkende Motorrad-Rikshas. Doch was sagst du dem Jungen, der stolz zu dir auflächelt und fragt: »Do you like my city?« Sagst du ihm, daß das alles nur ein Haufen Dreck ist?

Blitze und mystische Wolken, Fasten Seat Belts: eine Schlechtwetterfront auf dem Flug nach Delhi. Luftlöcher und Böen und ein Druck auf den Ohren, daß man glaubt, die Trommelfelle müssen zerplatzen. Doch auch das geht vorüber. Und dann bin ich wieder in Delhi, im Kreis der »Familie«. Ein SPIEGEL vertreibt die Nacht, und der Mond, beinahe noch voll, hängt in der Palme vor meinem Fenster.
Am folgenden Tag feiern wir Krishnas Geburtstag: herrlicher Sonnenschein und Urlaubsstimmung in Neeti Bagh mit dem Zwitschern von Vögeln und gemächlichem Schlendern im Sonntagsstaat. An Krishnas Geburtstag wird »gefastet«: köstliche Lotossamen, Kartoffelpulver, gekochte Kürbisse, Suppe, Yoghurt, Milchspeisen, Mandeln – alles! Nur keine Körner. »No rice, no chapattis!« Eine höchst seltsame Art zu »fasten«.
Krishnastatuen werden überall hervorgeholt und neu

eingekleidet, Bal Krishna, das göttliche Kind, auf den Knien rutschend in goldenen Gewändern.
Ganz anders die Kinder in der Jan Path: Lumpen und eiternde Wunden, verstümmelt; zum Betteln erhobene Hände.
Gegen Mitternacht besuchen wir einen nahen Tempel: Lichterketten in den Bäumen. Eine dichte Menschenmasse schiebt sich die breite Treppe empor, Stufe um Stufe. Im eigentlichen Tempel finden sich Götter in Seide, Silber und Gold. Ganesha, auf seiner Ratte reitend, Shiva. Ein paar Stufen höher dann: Rama und Sita und Hanuman, Vishnu und Lakshmi und Durga auf ihrem Löwen. Im Haupttempel dann Radha und Krishna, beide blumenbedeckt, münzenübersät. Unaufhörlich klingen die Tempelglocken, dröhnen die Lautsprecher. Von einer »heiligen« Atmosphäre ist nichts zu spüren.

Auf dem Rückweg besuchen wir Sureshs Tochter: eine Party des jungen Indien. Rechtsanwälte, hohe Beamte, Ärzte.
»How du you enjoy your trip?« Westliche Kleidung und Snacks, Früchte und Eis, Kinder mit ihren Nurses. Jammasthami, das Fest Krishnas.
Einer der Ärzte erzählt von der Cholera-Epidemie, die selbst in Delhi wütet, von der absoluten Chancenlosigkeit, etwas dagegen zu tun. »Nur ein paar Pillen – Salz und Zucker! Aber sie geben sie ihren Kindern nicht! Nur etwas Hygiene! Aber sie trinken immer noch schlammiges Wasser aus den Pfützen! Wir haben alles gegen diese Krankheit, aber sie sterben immer noch zu Hunderten und aber Hunderten ...«
Wie vieles könnte der Osten vom Westen lernen, wie vieles der Westen vom Osten! – Aber eine unüberwindliche Mauer der Ignoranz scheint sie zu trennen – und

so sterben beide: materiell die einen, spirituell die andern.
Der letzte Tag in Indien: Independece day. Am Vortag sind in Delhi vier Menschen getötet und über zwanzig verwundet worden. Und nun läuft im Fernsehen die Ansprache Nehrus von 1947: »Um Mitternacht, wenn die Welt schläft, erwacht Indien zur Freiheit!«
»It's time to celebrate the spirit of freedom!« Böllerschüsse und Trompeten, die Rede V. P. Singhs von den Mauern des Red Forts; und Satyagraha, der Weg Gandhis, im eigenen Land zum Untergang verurteilt. »It's time to celebrate ...«
Ich fahre durch die beinahe ausgestorbene Stadt ein letztes Mal zur Jan Path, um die letzten Einkäufe zu erledigen. Doch die meisten Läden sind natürlich geschlossen. Ein paar Edelsteinhändler, ein paar Läden am Tibetan Market – das ist alles, was der »gigantische Basar« Delhi an diesem Tag zu bieten hat. In einem der Läden des Tibetan Market will ich eine kleine Statue erwerben: Avalokiteshvara, der große Erbarmer, der die Welt erleuchtet, der die Schreie der Welt erhört. Doch der Verkäufer – ein alter Tibeter mit runzligem, wettergegerbtem Lächeln – rät mir vom Kauf ab! »No good statues, only tourist-pieces! Very expensive!« Und er empfiehlt mir, zum Ladakh Bodh Vihar in der Bela Road zu gehen. »No tourists, no tourist prices! Frag einfach nach dem Lama«, rät er mir. »Sie machen dort sehr schöne Statuen, keine alten Stücke. Sie stellen sie für ihre Landsleute aus Ladakh und die Flüchtlinge aus Tibet her. Schöne Stücke, nach alter Tradition angefertigt und geweiht. No tourist pieces!«
Doch als ich in der Nähe der ISBT-Busstation aus meiner Riksha klettere, kann mir zunächst niemand weiterhelfen. Wen ich auch frage, keiner scheint die Adresse zu

kennen oder irgend etwas von einem buddhistischen Kloster in dieser Gegend gehört zu haben.
Schließlich treffe ich einen jungen Tibeter, der das Kloster kennt. Durch ein Gewirr enger Gassen führt er mich durch die Siedlung, fragt immer wieder Landsleute nach dem Lama, bis wir ihn schließlich finden. Ein altes Hinterzimmer, spärlich erleuchtet, voller Ritualgegenstände, Buddhas, Butterlampen, Glocken. Sehr schöne Stücke. Zwar ohne die Patina des gefälschten Alters, aber sehr schön. Kein Feilschen und Handeln ist nötig. Alles entspricht dem spärlichen Einkommen der Tibeter und Ladakhis.
Auf dem Weg zurück zur Jan Path spricht mich einer der professionellen Fortune-tellers an, die hier auf Kunden warten. Aber ich bin nicht in der Stimmung, und seine Preisvorstellungen sind geradezu astronomisch. Doch wie oft ich ihm auch versichere, daß ich an einer Deutung meiner Zukunft gerade nicht interessiert sei, daß mir schon einige seiner Kollegen geweissagt haben, er läßt nicht locker. Auch meine Einwände gegen seine Honorarforderungen – ein Vielfaches eines indischen Wochenlohns – beeindrucken ihn nicht. Er bleibt mir auf den Fersen, zupft mich immer wieder am Ärmel, bis es mir zu bunt wird. Ich gehe in eines der wie ausgestorben daliegenden Gäßchen und greife zu den uralten Tricks seines eigenen Gewerbes: ein paar geheimnisvolle Handbewegungen, ein beschwörendes Mantra, dann nehme ich seine Hand und weissage ihm! »Nicht gut, überhaupt nicht gut«, sage ich, bedauernd den Kopf schüttelnd. »Du wirst für deine Sünden büßen müssen, wie wir alle. Du gehst einen schlechten Weg, wenn du den Glauben der Menschen an höhere Dinge ausnutzt, und dafür mußt du büßen. In dieser oder in einer ande-

ren Welt.« Wieder wiege ich bedauernd den Kopf. »Du wolltest mir weissagen, daß ...«

Ich beginne, eine der Prophezeiungen zu wiederholen, die mir ein anderer Zukunftsdeuter vor Jahren gemacht hat; aber schon nach den ersten Sätzen entreißt er mir seine Hand und macht sich davon, erschrocken und immer wieder vorsichtig den Kopf wendend, ob ich ihm auch nicht folge. Und so bin ich an meinem letzten Tag in Indien auch noch zum Wahrsager geworden!

Am späten Abend verabschiede ich mich von den Sureshs. Mrs. Suresh legt mir eine Blumengirlande um den Hals, gibt mir noch eine kleine Statue Ganeshas, des Elefantenköpfigen, des Beseitigers aller Hindernisse, läuft immer wieder ins Haus, als ich schon mit meinem Gepäck im Hof auf das Taxi warte, um noch etwas zu holen: einen kleinen Wandteppich, Pickles, Sandelholz. Und als das Gepäck im Taxi verstaut ist, als ich mich ein letztes Mal zum Haus wende, nehmen sie mich in den Arm, einer nach dem andern: »Your are a member of this family now! We hope that you will be back soon!«

Und dann: das ganz alltägliche Chaos am Airport.

Epilog

Immer wieder fragt man mich, ob ich eigentlich all das glaube, diese Wundergeschichten über Yoga usw. Und sie klingen ja wirklich oft abenteuerlich, münchhausenhaft – im Westen! Aber Yoga hat überhaupt nichts mit »glauben« zu tun, nur mit Übung.
Sicher sind viele Wirkungen des Yoga in ihrer ganzen Macht im Westen unvorstellbar, und sicher sind sie hier im Westen auch kaum erreichbar, erfordern sie doch eine Hingabe an das Ziel, die bei uns aus vielerlei Gründen kaum möglich ist. Sie ist mir auch in Indien nicht allzuoft begegnet, jene absolute Hingabe an Yoga, jeden Augenblick des Lebens, Tag und Nacht. Und immer wieder fällt mir mein »Erlebnis« mit dem BANYAM-YOGI ein:

Auf einer meiner Wanderungen in den Ausläufern der Himalayas verbrachte ich ein paar Tage im Ashram eines kleinen Dorfes: ein paar armselige Hütten, Wasserbüffel, magere Pferde mit abgescheuertem Fell. Auch mein Zimmer war ärmlich, mehr als ärmlich. Aber die Landschaft! Ringsum stiegen die Berge beinahe senkrecht an. Schroffes Grau, eisgekrönt. Ein kleiner Bach, kristallklar, Zedern. Ich saß häufig in der kleinen Bretterbude, deren Besitzer auf einem verrosteten Kerosinkocher Çai zubereitete, Dhal. Gegenüber wuchs ein Ban-

yanbaum mit armdicken Luftwurzeln, einem tiefen Einschnitt im wahrhaft gigantischen Stamm.
Eines Morgens saß er da. Lotussitz. Langes, strähniges, schwarzes Haar, athletischer Körper. Er saß Stunde um Stunde, bewegungslos zumeist, nur hin und wieder eine Übung ausführend: Tratak und Nauli.
Ich ging spazieren, wusch meine Wäsche am Brunnen des Ashrams und hängte sie zum Trocknen, kehrte zum Tea-stall zurück: Er saß immer noch genauso da. Nur stand jetzt ein Krug mit Wasser neben ihm, eine Schale mit Essen.
»Wer ist das?« fragte ich neugierig den Alten hinter dem Kocher. Aber er zuckte nur die Schultern. »Sadhu!«
Als er am Abend immer noch in seiner Baumhöhle saß, konnte ich meine Neugier nicht länger zügeln. Ich packte ein paar frische Rotis auf einen Teller, etwas Dhal und Reis und überquerte den ausgedörrten, glühenden Staub des Weges. Er nickte freundlich, als ich ihm das Essen anbot. Auf meine Fragen jedoch schüttelte er nur den Kopf, verschloß mit der flachen Hand die Lippen: er hatte ein Schweigegelübde abgelegt.
Auch am anderen Morgen saß er da, auch in den glühenden Strahlen der Mittagssonne und noch immer in der sinkenden Nacht. Immer wieder kam eine der Frauen, stellte etwas Nahrung neben ihn,Wasser; berührte mit den Fingern oder der Stirn die Füße des heiligen Mannes.
Als es zu regnen begann, saß er im triefenden Naß, aufrecht, bewegungslos, ohne der stürzenden, tosenden Wasserwand des Monsun auch nur einen Funken Aufmerksamkeit zu schenken.
Aber am nächsten Tag war eine Plastikplane über ihm in die Luftwurzeln des Baumes geknüpft, so daß er nun weitgehend im Trockenen saß. Männer verknüpften

armdicke Knüppel zu einer Wand, die Schutz bot vor dem peitschenden Wind.
Der Yogi aber saß in sich versunken, bat um nichts und erhielt doch – alles.

Welcher geheimnisvolle Ruf ihn in dieses Dorf geführt haben mag, unter diesen Baum? Ich weiß es nicht. Aber wäre dies im Westen möglich? Diese Konsequenz?
Doch auch wenn uns diese letzten Tiefen des Yoga verwehrt bleiben sollten, die tägliche Praxis hat so vieles zu bieten, daß es schade um jeden ist, der sein Leben nicht dadurch bereichert.

Glossar

ACHARYA	Lehrer, spiritueller Meister
ADVAITA	Nichtzweiheit
ADVAITA VEDANTA	eine Richtung des Vedanta, die die absolute Identität von Schöpfer und Schöpfung lehrt
AGARBATHI	Räucherstäbchen
AHIMSA	Gewaltlosigkeit, Nichtverletzen
AKASHA	Raum, Äther; das feinste der fünf Elemente
AMRITH(A)	Wasser des Lebens, Unsterblichkeitstrank
ARYA	die »Reinen«
ASANAS	verschiedene Körperhaltungen des Hahta Yoga
ASHOKA	bedeutender indischer König im 3. vorchristlichen Jahrhundert
ASHRAM	Versammlungsort spirituell Strebender
ASHRAMA	die vier Lebensstufen im Leben eines Menschen
ASTHANGA YOGA	achtgliedriges Yoga (vgl. Raja Yoga)
ATMAN	unsterbliches Selbst, Seele des Menschen
ATSCHA	Hindi: gut

AVALOKITESHVARA	bedeutender Bhodisattva des Buddhismus
AVIDYA	Nichtwissen
AYUR VEDA	Wissenschaft vom Leben, Gesundheitslehre
BABA	Vater; Anrede für Yogis und Sadhus
BANDHA	Verschluß, Bindung; eine Praxis des Hatha Yoga
BHAGAVAD GITA	religiöses Buch des Hinduismus
BHAGWAN	der Erhabene, Gott; auch für verehrte Personen, von denen man glaubt, daß sie Gott verwirklicht haben
BHAKTA	Anhänger des Bhakti Yoga
BHAKTI	Hingabe
BHAKTI YOGA	eine der vier Hauptwege des Yoga, der Weg der Hingabe an Gott
BRAHMA	Gott in seinem Aspekt als Schöpfer
BRAHMACHARYA	Enthaltsamkeit
BRAHMAN	das ewige, absolute Sein
BRAHMANA	Lehrschrift, Anleitung zum richtigen Gebrauch der Veden
BUDDHA	der Erwachte; Siddhartha, Gautama, der Fürstensohn aus dem Geschlecht der Shakyas, der im 6. vorchristlichen Jahrhundert in Indien lehrte
ÇAI	Tee
CHAKRA	Rad, Kreis; Energiezentrum im menschlichen Körper
CHARRAS	Haschisch
CHELA	Schüler
CURRY	Gericht mit viel Flüssigkeit
DAKSHINA	Geschenk an einen spirituellen Lehrer

DARSHAN	Anblick; Begegnung mit einem Heiligen
DHAL	Linsengericht
DHARMA	Das »Gesetz des Lebens« jedes einzelnen, das vom individuellen Karma geprägt ist
DHARANA	Konzentration
DHOOP	Räucherwerk
DHOTI	Lendentuch aus Baumwolle
DHYANA	Versenkung
DURGA	Gemahlin Shivas
GANESHA	Gott der Weisheit, Sohn Shivas
GARUDA	König der Vögel, Reittier Vishnus
GHEE	geklärte Butter
GITA	Kurzform von Bhagavad Gita, dem »Gesang des Erhabenen«, einem der bedeutendsten religiösen Texte Indiens
GRANTHI	Knoten; Blockade in der Shushumna
GUNA	Grundeigenschaften aller Objekte
GURU	spiritueller Meister
HANUMAN	Affenkönig
HARA	Im Zen-Buddhismus die geistige Mitte des Menschen
HATHA YOGA	eine Technik des Raja Yoga, die sich in erster Linie mit körperlichen Übungen beschäftigt
HATHA YOGA PRADIPIKA	»Leuchte des Hatha Yoga«; Lehrschrift über Hatha Yoga aus dem 16. Jahrhundert
HUKKHA	Wasserpfeife
IDA	einer der Kanäle der Lebensenergie (Nadis)
ISHVARA	Herr des Universums

JAINISMUS	indische Religion, von Mahavir im 6. Jahrhundert v. Chr. gegründet
JAMMASTHAMI	Fest zu Ehren Krishnas
JAPPA	ständige Wiederholung eines Mantra
JIVA	das sich mit Körper und Denken identifizierende Selbst
JIVANMUKTA	ein »zu Lebzeiten Befreiter«
JNANA YOGA	der Yogaweg der Erkenntnis
JNANIN	Anhänger des Jnana Yoga
KAIVALYA	vollkommene Erlösung, Befreiung
KALI	die göttliche Mutter, Gemahlin Shivas
KALKI	zehnte Inkarnation Vishnus
KARMA	Tat; Konsequenz aus der Summe all unserer Handlungen in diesem und in früheren Leben
KARMA YOGA	der Yogaweg der Tat
KIRTAN	gemeinsames Singen und Tanzen zu Ehren Gottes
KRISHNA	achte Inkarnation Vishnus; der Verkünder der Bhagavad Gita
KRIYA	Reinigungsübung
KUNDALINI	»Schlangenkraft«; Mystische Energie an der Wurzel der Wirbelsäule
KUTHIA	Hütte
LAKSHMI	Göttin des Glücks, Gemahlin Vishnus
LAMA	religiöser Meister des tib. Buddhismus
LAYA	das Verschmelzen mit dem Absoluten
LILA	das »göttliche Spiel« in der Welt der Erscheinungen

LINGAM	Symbol Shivas in Form eines Phallus
LUNG-GOM-PA	tib. Meditationspraxis, die es ermöglicht, in kürzester Zeit weite Strecken zurückzulegen
MA, MATAJI	Mutter
MAHARISHI	»großer Seher«; Ehrentitel für Erleuchtete
MAHAYOGIN	Shiva als größter aller Yogis
MAITREYA	der zukünftige Buddha
MALA	Gebetskette
MANDALA	mystisches Diagramm
MANDIR	Tempel
MANTRA	heilige Silbe
MASALA DOSA	Südindisches Gericht
MAYA	die kosmische Illusion, die die Sicht des Menschen verschleiert
MOKSHA	Befreiung und Erlösung von allen weltlichen Bindungen, vom Kreislauf von Geburt und Tod
MUDRA	symbolische Handhaltung, Geste
MUMSHUTVA	Streben nach Befreiung
NADI	Energiekanal im menschlichen Körper
NAMASKAR/NAMSTÉ	Verbeugung, Verehrung; indischer Gruß
NANDI	der Stier Shivas
NIRGUNA	ohne Eigenschaften
NIRVANA	Verlöschen; Zustand der Erleuchtung
NIYAMA	innere Disziplin; zweiter »Zweig« des Raja Yoga
NYINGMAPAS	eine der Hauptschulen des tib. Buddhismus
PADA	Weg

PADMASAMBHAVA	der »Lotosgeborene«, brachte den Buddhismus nach Tibet
PARAMANANDA	höchste Seligkeit
PARVATI	einer der Namen für die Gattin Shivas
PATANJALI	Verfasser der Yogasutras im 2. vorchristlichen Jahrhundert
PINGALA	Energiekanal entlang der Wirbelsäule
PRAJAPATI	Schöpfer des Universums
PRAKRITI	Urmaterie des Universums
PRANA	kosmische Lebensenergie, Atem
PRANAYAMA	Beherrschung des Prana, häufig mit Atemübungen gleichgesetzt
PRASAD	Opferspeise
PRATYAHARA	Zurückziehen der Sinne
PUJA	Zeremonie zu Ehren Gottes
PURUSHA	absolutes, reines Bewußtsein; der »ewige« Mensch
RADHA	Gespielin Krishnas
RAJA YOGA	das »königliche Yoga«; achtgliedriges Yogasystem nach den Yogasutras des Patanjali
RAMA	siebte Inkarnation Vishnus, Held des Ramayana
RAMAKRISHNA	bengalischer Heiliger im 19. Jahrhundert, Lehrer Swami Vivekanandas
RIG VEDA	älteste ind. Textsammlung
RISHI	Seher, Heiliger
RISHIKESH	heilige Stadt am Oberlauf des Ganges
RITAM	Ebene ewiger Ordnung und Wirklichkeit; Subtilster Bereich der Schöpfung

RUDRA	»der Schreckliche«; vedische Gottheit, die später mit Shiva gleichgesetzt wird
RUDRAKSHA	Gebetsperlen, Früchte eines nordin. Baumes
SADHU	ein Gottsucher, der der Welt entsagt hat
SAGUNA	mit Eigenschaften behaftet
SAHIB	Herr, Bezeichnung für westl. Ausländer
SALAAM	Friede; Begrüßungsformel
SAMADHI	Überbewußtsein, Vereinigung mit dem Absoluten
SAMSARA	Kreislauf von Geburt, Tod und Wiedergeburt
SAMYAMA	Zügelung; die Zusammenfassung der letzten drei »Stufen« des Raja Yoga
SANATANA DHARMA	das »ewige Gesetz«
SANDHYA	Dämmerung, Zwielicht
SANGHA	buddhistische Gemeinde, Mönche
SANNYASIN	ein Mensch, der der Welt entsagt
SARASVATI	Göttin der Gelehrsamkeit und der Künste
SATCHITANANDA	Sein-Bewußtsein-Seligkeit
SATSANG	Zusammensein mit einem Heiligen
SHAKTI	Kraft, Energie; Göttliche Mutter
SHANKARA	Hauptvertreter des Advaita Vedanta im 8. Jahrhundert
SHANTI	Friede
SHATSAMPATTI	die sechs großen Errungenschaften;

SHATKASAMPATTI	eine der vier Hauptvoraussetzungen eines Vedantin nach der Lehre Shankaras. Diese sind: innere Beherrschung, Beherrschung der Sinnesorgane, Erfüllung des eigenen Dharma. Ertragen aller Gegensätze, Glaube an heilige Schriften und Guru, Fähigkeit zur Meditation
SHIVA	Gott der Auflösung und Zerstörung in der hinduistischen Göttertrias
SHIVANANDA	indischer Heiliger (1887 – 1963), der nach der Aufgabe seines Arztberufes als Sadhu durch Indien wanderte, bevor er in Rishikesh zum Swami geweiht wurde
SHUNYA/SHUNYATA	Leere
SHUSHUMNA	wichtigster Energiekanal im Rückenmark
SIDDHA	erleuchteter Heiliger
SIDDHI	vollkommene Fähigkeit; scheinbar übernatürliche Kräfte, die sich als Nebenprodukt spiritueller Entwicklung einstellen
SITA	Gemahlin Ramas
SLOKA	Verszeile
SUTRA	Leitfaden, Lehrspruch
SWAMI	Angehörige eines Mönchsordens
TABLA	kleine Trommeln
TANTRA	eine der Grundlagen des Sanatana Dharma, zentrales Thema ist die Shakti, die göttliche Energie in Form des Weiblichen. Meditation in Verbindung mit sexuellen Praktiken
TARA	weiblicher Aspekt des Erbarmens

TATTVA	Wahrheit
THANGKA	religiöses Rollbild
TRIGUNA	die drei »Grundeigenschaften« aller Objekte der Erscheinungswelt
TRIMURTI	Hindu-Trinität aus Brahma, Vishnu und Shiva
UPANISHADEN	Geheimlehren; Schlußbetrachtungen über die Veden, die Grundlage des Vedanta
VAIKUNTHANATHA	»Herr des Himmels«
VAIRAGYA	Leidenschaftslosigkeit; zentraler Begriff des Vedanta, der das Herauswachsen aus der Vergänglichkeit bezeichnet
VARUNA	der Allumfassende; ved. Gottheit
VEDA	Wissen; Gesamtheit der ältesten Texte des Hinduismus, gegliedert in vier Hauptabteilungen: Rigveda, Samaveda, Yajurveda und Atharvaveda
VEDANTA	Ende des Wissens; Ende der Veden, Schlußbetrachtungen zu den Veden
VEDANTIN	Anhänger des Vedanta
VICHARA	Unterscheidung, Prüfung; ständige Erforschung und Prüfung aller materiellen und geistigen Vorgänge
VIHAR	Aufenthaltsort; Kloster
VIPASHYANA (PALI: VIPASSANA)	Meditationsform, Erkenntnis der drei Merkmale allen Daseins: Vergänglichkeit, Leidhaftigkeit, Unpersönlichkeit
VISHNU	der Erhalter der Welt
VIVEKA	Unterscheidung; Unterscheidungsvermögen zwischen Ewigem und Vergänglichem

VIVEKANANDA	bedeutender Schüler Ramakrishnas
VRITTI	Gedankenschwingung
VYASA	Sammler; Begründer der Vedanta-Philosophie
YAMA	äußere Disziplin; die erste »Stufe« des Raja Yoga
YAGYA	Feuerritual
YAJUR VEDA	der Veda der Opfersprüche
YANTRA	mystisches geometrisches Diagramm als Meditationshilfe
YATRA	Prozession, Pilgerreise
YOGA	Joch; Vereinigung mit dem eigenen unsterblichen Selbst
YONI	Schoß; Dreieckiges Symbol des Weiblichen
YUGA	Weltzeitalter
ZEN	Meditationsform des Mahayana Buddhismus

Kurze Bibliographie

Ananymous: Impossibilities Chalenged, Muni-Ki-Reti 1976

Blofeld, J.: Die Macht des heiligen Lautes, Bern 1978

Brahmachari, D.: Yoga hilft heilen, Freiburg 1983

Christmann, V.: Das Yoga-Buch, München 1992

Dahlke, P. (Übersetzer): Buddha, Auswahl aus dem Palikanon, Wiesbaden 1979

Devananda, S. V.: Meditation und Mantras, München 1986;
Das große illustrierte Yogabuch, Freiburg 1989

Diener, M. u.a.: Lexikon der östlichen Weisheitslehren, Bern 1986

Evans-Wentz, W. Y. (Hrsg.):	Das Tibetanische Totenbuch, Zürich 1953
Feddersen, K.:	Der Heilsweg des Buddha, Gelnhausen 1963
Geldner, K. F.:	Der Rig-Veda, London 1951
Glasenapp, H. v.:	Bhagavadgita, Stuttgart 1955
Goldstein, J.:	Vipassana Meditation, Berlin 1978
Govinda, A.:	Grundlagen tibetischer Mystik, Bern
Hillebrandt, A.:	Upanishaden, Köln 1977
Johari, H.:	Das große Chakra-Buch, Freiburg 1979
Lauf, D.-I.:	Geheimlehren tibetischer Totenbücher, Freiburg 1975
Lysebeth, A. v.:	Yoga für Menschen von heute, Gütersloh 1970
Maharishi Mahesh:	Bhagavad Gita, Stuttgart 1971
Otto, R.:	West-östliche Mystik, München 1971
Patanjali:	Die Wurzeln des Yoga, Bern 1976

Pearce, J. Ch.: Die heilende Kraft, Tübingen 1981

Ramakrishna: Leben und Gleichnis, Bern 1975

Ramm-Bonwitt, I.: Mudras – Geheimsprache der Yogis, Freiburg 1987

Rieker, H. U.: Die 12 Tempel des Geistes, Zürich 1955

Schleberger, E.: Die indische Götterwelt, Köln 1986

Shivananda Yoga-Zentrum: Yoga für alle Lebensstufen, München 1985

Torwesten, H.: Vedanta, Olten 1985

Vivekananda: Raja-Yoga, Freiburg 1983; Karma-Yoga und Bhakti-Yoga, Freiburg 1983; Jnana-Yoga, Freiburg 1983

Waldemar, Ch.: Jung und gesund durch Yoga, Zürich

Watts, A. W.: Weisheit des ungesicherten Lebens, Bern 1985

Yogananda, P.: Autobiographie eines Yogi, Los Angeles 1950